VIE
DU COMTE LOUIS DE SALES

FRÈRE DE SAINT FRANÇOIS DE SALES,

PAR

LE P. BUFFIER.

LIMOGES.
BARBOU FRÈRES, IMPRIMEURS-LIBRAIRES.

BIBLIOTHÈQUE
CHRÉTIENNE ET MORALE,

APPROUVÉE

PAR MONSEIGNEUR L'ÉVÊQUE DE LIMOGES.

Tout exemplaire qui ne sera pas revêtu de notre griffe sera réputé contrefait et poursuivi conformément aux lois.

VIE DU COMTE LOUIS DE SALES.

Cabasson del.   A. Portier

*Serait-il possible que vous veuillez m'oter la vie
parceque j'ai voulu rendre la votre meilleure*

LA VIE

DU COMTE LOUIS DE SALES,

FRÈRE DE S.-FRANÇOIS DE SALES.

PAR

LE P. BUFFIER,

DE LA COMPAGNIE DE JÉSUS.

A LIMOGES,

CHEZ BARBOU FRÈRES, IMPRIMEURS-LIBRAIRES.

—

1846.

LIVRE PREMIER.

CHAPITRE I.

Il n'est point de moyen plus utile pour répandre et pour justifier la piété chrétienne parmi les personnes du monde que de leur montrer comment elles peuvent se sanctifier sans rien perdre de leur rang, de leur mérite, ni de leur véritable honneur. La sainteté, bien loin d'être incompatible avec leur condition, en relève les prérogatives et leur en fait goûter plus solidement les avantages.

Entre plusieurs modèles que l'Eglise en a fournis dans tous les temps, on peut dire que la vie du comte Louis de Sales est un de ces chefs-d'œuvre de la grâce les plus propres à persuader aux gens du monde les plus indifférents à l'égard de leur salut l'estime et l'amour de la vertu. En effet, elle a toujours été animée de cet esprit de douceur qui attire insensiblement les âmes; elle a toujours eu pour règle ces principes de raison dont on se pique aujourd'hui plus que jamais. C'est par cet endroit-là même que cette vie sera pour eux, comme je l'espère, ce que la vie de saint François de Sales, son frère, est pour les prélats, puisque l'exemple, les conseils et la direction de ce saint ont eu, avec la grâce, le plus de part à la sanctification de celui dont j'écris l'histoire.

Louis eut, comme saint François de Sales, son frère aîné, pour père François de Sales, et pour mère Françoise de Sionas. Il était leur troisième fils, et vint au monde au château de Brens en Chablais, dans les circonstances que nous allons dire.

Jacques de Savoie, fils de Philippe, duc de Nemours, s'était retiré sur ses terres en Génevois, vers le temps de la paix qui suivit la bataille de Dreux. C'était pour obtenir ce qu'il prétendait lui être dû au sujet de l'apanage de sa maison, et que le duc de Savoie, Emmanuel Philibert, son cousin germain, semblait lui refuser. Avant que l'affaire se fût terminée par accommodement, comme il arriva depuis, le duc de Nemours pensait à surprendre la ville de Genève, laquelle, trente ans auparavant, emportée par l'esprit d'hérésie, s'était soustraite, comme on sait, à ses maîtres légitimes. Pour faciliter cette entreprise, il voulut avoir le château de Brens, qui appartenait aux seigneurs de Sales, à qui il le demanda. Ils le supplièren tde trouver bon qu'ils ne s'exposassent point, par une démarche précipitée, à encourir la disgrâce de Son Altesse de Savoie, leur souverain, sans le consentement duquel ils ne pouvaient accorder ce qu'on attendait d'eux. Cette sage précaution, qui n'accommodait pas les affaires du duc de Nemours, ne laissa pas de leur attirer son estime, et il en donna des preuves, en plusieurs occasions, aux seigneurs de Sales.

Cependant les troubles de la Savoie, s'augmentant de plus en plus, formaient un orage prêt à fondre sur eux. Une sage prévoyance le leur fit prévenir : ils se résolurent à quitter pour un temps le château de Sales, leur demeure ordinaire. Ils ne pouvaient choisir de retraite plus proche ni plus sûre que la terre de Brens, dont nous venons de parler. C'est là aussi qu'ils vinrent avec toute leur famille, et, en particulier, avec le petit François de Sales. Le duché de Chablais, où était la terre de Brens, était infecté des erreurs de Calvin ; cependant la piété de la maison de Sales se trouva, dans des conjonctures si fâcheuses, à l'épreuve de tout ; et, loin de recevoir aucune atteinte par la corruption des impies, dont ils étaient environnés, elle ne reçut qu'un accroissement des bénédictions du ciel.

1..

C'en fut une très-considérable que la naissance de Louis de Sales, dont nous écrivons la vie, et qui vint au monde, quelques mois après, en ce pays-là même. On prit un soin extraordinaire de l'élever dans l'esprit de la vraie religion, et, pour prévenir les erreurs qu'il aurait pu sucer d'une nourrice du pays, qui était alors tout calviniste, on en fit venir une du comté de Sales, sur la foi et sur la piété de laquelle on pût entièrement se reposer.

Les premiers principes de la sainteté qu'il reçut ainsi se fortifièrent infiniment, dans la suite, par la compagnie de François de Sales, son aîné. Ce dernier avait dix ans de plus que lui, et, doué d'une vertu bien au-dessus de son âge, il prenait soin d'en inspirer les sentiments à son frère. Louis recevait avec un cœur docile les instructions salutaires que François lui donnait, sans affectation, en toute rencontre. Il était particulièrement disposé à en profiter par un naturel des plus heureux, par la sympathie d'humeur qu'il eut toujours avec François, et par les rapports frappants qu'il y avait dans toute leur personne; car on ne peut guère être plus semblables qu'ils ne l'étaient de cœur et d'esprit.

C'en était assez pour engager Louis dans les exercices auxquels François s'adonnait. De cette manière, il apprit de lui, dès sa tendre jeunesse, la pratique de la méditation, des prières vocales et du recueillement intérieur. Ils s'y portaient tous deux avec une égale ardeur, et s'y animaient mutuellement.

Leur vertueuse mère en était charmée, et ne cessait d'en bénir Dieu ; mais leur père regardait ses deux enfants avec des vues bien différentes.

Suivant donc l'usage dangereux des personnes de qualité, il faisait de lui-même leur destinée selon ses vains projets. Il prétendait que son aîné entrât dans la magistrature, pour remplir une des premières places du sénat de Savoie ; que son cadet entrât dans l'Eglise, et le troisième dans l'ordre de Malte. Mais Dieu, qui avait ses desseins sur la maison de Sales, ne seconda point ceux qu'avait formés sans son ordre un père qui prenait de fausses mesures sur le véritable bien de toute sa famille.

CHAPITRE II.

Comme notre jeune comte avait beaucoup d'esprit et de vivacité, il faisait des progrès considérables dans ses études, en même temps qu'il se formait à la vertu. Il apprit en peu de temps la grammaire, la rhétorique et la philosophie au collége d'Annecy, sous des professeurs habiles que les proviseurs du collége de Louvain y envoyaient en ce temps-là. Ces succès, qui auraient dû lui attirer beaucoup de satisfaction de la part de ses parents, lui attirèrent, de ce côté-là même, une épreuve assez particulière.

Il étudiait avec un autre de ses frères, qui, ayant l'esprit plus lent, réussissait beaucoup moins dans ses études. Leur mère, toute vertueuse qu'elle était, avait pour celui-ci une sensibilité particulière, parce qu'elle l'avait nourri. Elle voyait avec quelque peine qu'il ne fût pas si avancé que son frère, bien qu'il n'eût qu'un an de moins que lui. Pour satisfaire son inclination, elle s'avisa d'un expédient. Sous prétexte d'une légère infirmité survenue à Louis, elle lui fit interrompre ses études, et le retint auprès d'elle plus qu'il n'était nécessaire : elle pensait que, pendant ce temps-là, le cadet travaillerait assez pour atteindre l'aîné. Mais ce procédé eut aussi peu de succès que le motif en était défectueux. Louis, qui n'y était pas insensible, ne s'en plaignit point; il se contenta d'employer à l'étude les heures de la nuit et celles du jour dont il pouvait disposer, sans qu'on s'en aperçût. Il profita encore plus cette année de lui-même qu'il n'avait fait les années précédentes avec le secours des maîtres, Dieu bénissant ainsi la soumission qu'il avait eue aux ordres de sa mère. La comtesse de Sales, qui a depuis avoué la faiblesse qu'elle avait eue sur ce point, a rendu une entière justice à Louis, et elle a déclaré plusieurs fois qu'elle avait admiré la douceur avec laquelle il avait souffert une épreuve qu'elle voyait bien lui être très-sensible, et dont pourtant il ne lui était jamais échappé de se plaindre.

De retour au collége, il s'y attira plus d'estime

que jamais, s'y faisant considérer non-seulement par l'excellente disposition qu'il avait pour les sciences, mais encore par les précieuses qualités qu'on remarquait dans sa personne. On trouvait en lui un esprit bien fait et des inclinations très-aimables et très-nobles, beaucoup de sagesse dans sa conduite et de délicatesse dans ses sentiments. Les perfections du corps ne cédaient point à celles de l'âme. Il avait une taille avantageuse, le visage ouvert et riant, un air noble et dégagé, mais modeste; des yeux pleins de feu, la parole nette et distincte, avec un talent merveilleux pour parler en public, et pour bien faire tout ce qu'il entreprenait. Il est vrai qu'il n'oubliait rien de son côté, afin de réussir. L'on en conserve encore des preuves dans les remarques qu'il faisait sur ses lectures, et dans un grand nombre de petits ouvrages latins et français, en vers et en prose, qu'il composa dès le temps dont nous parlons.

Du reste, quelque agréable que fût sa conversation dans les compagnies où il se trouvait, il n'aimait que la société des gens de bien et des personnes habiles, avec lesquels il voyait qu'il pouvait profiter, ou du côté de la piété, ou du côté de la science. C'est pourquoi, suivant ses premières inclinations, il recherchait de plus en plus la compagnie de son frère François, qui s'était déjà consacré à Dieu, et qui était chanoine et prévôt de l'église cathédrale de Genève. Il allait le voir, et demeurait avec lui tout le temps qu'il lui était possible. Il le supplia même un jour de vouloir bien lui servir de maître, et lui enseigner ce qu'on devait savoir de plus essentiel dans la science de la religion. L'assiduité avec laquelle il profita des soins que François eut pour lui lui fit quitter insensiblement toutes les compagnies profanes; car, demeurant attaché à son saint frère, il se trouvait presque toujours dans des assemblées et des conférences ecclésiastiques.

Ce commerce familier qu'avait Louis avec les personnes consacrées à l'Eglise, et le penchant qu'il montrait pour les fonctions attachées à leur ministère, semblaient être pour lui une destination à leur état; mais la vocation de l'esprit de Dieu est souvent contraire aux idées les plus plausibles des hommes; et, comme ils jugent mal en croyant qu'on n'est point appelé à la retraite parce qu'on sent de l'attrait pour le monde, ils ne jugent pas plus exactement en croyant qu'on est toujours appelé à l'état ecclésiastique ou religieux parce qu'on a une piété plus qu'ordinaire. Les jeunes hommes les plus réguliers sont ceux que Dieu destine quelquefois à vivre au milieu du siècle, afin de montrer, par leur exemple, comment on peut et comment on doit s'y sanctifier. Il est à croire que c'est par cette raison que le ciel n'inspira jamais à Louis aucune pensée pour l'état ecclésiastique, et son frère, le B. François, qui lui servait de directeur, ne crut pas alors l'y devoir porter; il lui prescrivit seulement de travailler avec le même soin que les personnes consacrées spécialement à Dieu, et à faire des progrès dans la vertu, et à rendre sa vertu édifiante et utile aux personnes du monde. Il voulut donc que Louis s'adonnât à tous les exercices qui forment ce qu'on appelait alors un cavalier. Le jeune comte suivit ce conseil; il s'attacha incontinent à la cour du duc de Nemours, qui faisait son séjour au château d'Annecy; de sorte qu'il apprit en peu de temps, avec les jeunes gentilshommes de cette cour, tous les exercices de corps et d'esprit qui mettent une personne de qualité en état de servir le prince et la patrie.

CHAPITRE III.

Le temps qu'il donnait aux exercices dont nous avons parlé ne lui ôtait pas le loisir d'entretenir, pendant quelques heures de la journée, son goût pour les belles-lettres, et de cultiver son talent pour la poésie francaise. Mais il n'était pas dans l'erreur ordinaire, qu'on ne peut réussir à faire des vers que sur des sujets où la pureté du chistianisme souffre ordinairement quelque atteinte. Il fit voir le contraire par son expérience. La première de ses poésies fut à la gloire du Verbe fait chair, et cette pièce se trouva pleine de génie, de feu et d'élévation.

Après avoir employé son talent pour les vers à louer Dieu, il voulut aussi l'employer à louer la plus parfaite image de Dieu, qui sont les princes. Il fit aussi, en diverses occurrences, quantité d'autres petites pièces ingénieuses, qui furent toujours reçues avec applaudissement. Le caractère de sa personne était peint dans ses poésies, où l'on trouvait la finesse des pensées, jointes à beaucoup d'agrément dans l'expression, et de justesse dans la suite de l'ouvrage. Un mérite si accompli toucha le duc de Nemours, qui se prit d'une affection singulière pour le jeune comte de Sales, et il était sur le point de lui en donner des marques efficaces, lorsqu'il fut enlevé par la mort. Une âme généreuse est aussi pénétrée du bien qu'on a voulu lui faire que de celui qu'elle a reçu. C'est la disposition où fut Louis à l'égard de ce prince. Il composa encore de plus beaux vers pour honorer sa mémoire après sa mort qu'il n'en avait composé auparavant pour mériter sa bienveillance. Il fit, en particulier, ceux que l'on grava sur le mausolée du duc dans l'église de Notre-Dame d'Annecy.

Le succès qu'eurent les vers du jeune comte de Sales lui donnèrent une grande réputation, et lui firent lier commerce avec les beaux esprits et les plus habiles poètes de son temps. Il était néanmoins fort peu sensible à ce que cet avantage pouvait être en soi ; mais il en faisait cas, aussi bien que saint François de Sales, par rapport à l'estime que les gens du monde conçoivent ordinairement de la vertu, quand ils la voient jointe aux talents naturels, et particulièrement à ceux de l'esprit. Louis fit, en ce temps-là même, une démarche par laquelle on connut qu'il ne voyait rien de si précieux au monde que la piété: ce fut d'entrer publiquement dans la confrérie des pénitents de la Sainte-Croix, que son saint frère venait d'ériger à Annecy. Le jour qu'il y entra, il promit à Dieu, en communiant, qu'il ferait désormais une profession spéciale de suivre l'étendard de Jésus-Christ crucifié; afin de mieux affermir cette dévotion si solide, il en embrassa encore une autre en l'honneur de la conception immaculée de la Vierge. Il regarda dès-lors cette pratique comme un moyen des plus assurés pour conserver la chasteté de son cœur et de son corps; ses vues ne furent point trompées. On a su depuis, par ses directeurs, que bien qu'il fût d'une complexion tendre et portée naturellement au plaisir, il ne lui était cependant jamais rien échappé qui pût blesser la pudeur chrétienne.

En s'enrôlant dans les pieuses confréries dont nous venons de parler, il ne contracta pas un engagement vain, qui ne sert à plusieurs qu'à nourrir la présomption, et même une espèce d'hypocrisie. Il s'appliqua, au contraire, à en remplir les obligations, et à en prendre l'esprit. Il se prescrivit, pour cet effet, diverses pratiques de pénitence et de mortification, qui demeurèrent cachées entre Dieu, ses directeurs et lui; pour s'y animer de plus en plus, il composa une oraison très-pieuse, et il n'a jamais manqué à la réciter chaque jour, avec des sentiments pleins de ferveur.

C'est à des observances si chrétiennes qu'on doit attribuer la retenue et la modestie qu'il garda toujours dans le monde. M. Antoine Favre, présiden du Génevois, son ami intime, magistrat d'une réputation et d'une piété éclatantes, a protesté avec serment que, l'ayant fréquenté toute sa vie, il n'avait jamais aperçu dans sa conduite ni action ni parole qui fussent en rien opposées à la bienséance et à la modestie chrétienne. Ce n'est pas qu'il ne se trouvât quelquefois avec les dames, comme sa condition l'y engageait; mais il se contentait de s'en faire considérer par sa politesse, sa complaisance, sa retenue et ses manières respectueuses. D'ailleurs il se faisait une étude d'écarter tous les appâts du vice. Il avait surtout une industrie merveilleuse à glisser dans la conversation des exemples et des traits d'histoire ingénieux, qui relevaient le mérite des dames modestes; insinuant, en toute occasion, et par mille tours différents, que le plus grand attrait de la beauté dans le sexe est de se trouver jointe avec beaucoup de sagesse et de vertu.

Il trouvait ainsi le secret de tourner à l'avantage de la piété les conjonctures qui semblaient y porter le moins. Il en donna une preuve au mariage de M. Villars-Roquet, son frère, qui épousa une demoiselle de grande qualité et de la maison de Fresnoy. On le pria d'exercer en cette occasion le talent de la poésie, qui lui était si naturel, afin de rendre la cérémonie plus agréable. La complaisance le fit condescendre à ce qu'on demandait de lui, et la piété rendit sa complaisance salutaire. Il fit une sorte de pièce dramatique, dont le sujet était Isaac qui bénit ses enfants. Elle fut représentée par les illustres personnes à la considération desquelles elle avait été composée, et le divertissement fut également ingénieux et chrétien.

CHAPITRE IV

Les charmes qu'on trouvait en la conversation de Louis lui procurèrent un voyage en Italie. Le président Favre, père de celui dont nous venons de parler, y étant envoyé par son prince pour ménager les intérêts de la duchesse sa femme, Anne d'Est, pria le jeune comte de vouloir être du voyage, afin que ses deux fils, qu'il menait avec lui, eussent la compagnie de ce jeune gentilhomme si accompli, qui était à peu près de leur âge. La conformité d'inclination et de génie attacha particulièrement Louis à l'aîné des deux frères, René Favre, seigneur de La Valbone. C'est celui qui, ayant eu toujours depuis des liaisons étroites avec lui, a rendu témoignage à l'extrême sagesse qu'il avait fait paraître pendant son séjour à Rome : il assurait que, dans u pays où les occasions dangereuses sont si fréquente pour la jeunesse, on n'a jamais eu le moindre suje de soupçonner que le comte de Sales s'y fût laiss surprendre. Ce témoignage est soutenu par les ac tions éclatantes de vertu qu'il fit à Rome, dans l temps même dont nous parlons.

Un jour qu'il était allé avec ses amis prendre l'ai à la campagne, deux hommes voulurent enlever u enfant de naissance des mains de son précepteur, qui n'était pas assez fort pour leur résister ; Louis, au hasard de sa vie, vint, l'épée à la main, réprimer la fureur de ces brutaux, retira l'enfant de leur mains, et le rendit au précepteur. Une autre fois, se trouvant dans un jardin où quelques personnes, près de lui, tenaient des discours et faisaien même des gestes peu honnêtes, il ne balança poin à leur faire de sévères réprimandes. On sait de quo sont capables en ces conjonctures des gens déréglés ils vinrent pour se jeter sur lui ; mais, par une adress extraordinaire, ou plutôt par une singulière provi dence, il s'échappa de leurs mains contre toute ap parence. Du reste, il ne faut pas s'étonner qu'il fû si vif, et si zélé dans ces occasions : il ne faisait, e cela, que suivre les heureuses dispositions de so cœur, qu'il avait coutume d'exprimer en ces termes : « Je ne suis pas vertueux, et néanmoins je hais si fort le vice que je voudrais, s'il m'était possible, l'exterminer de toute la terre, et le précipiter dans l'enfer, qui est son centre. »

Une dame romaine, veuve depuis quelque temps, qui avait de la jeunesse, de la beauté et du bien, ayant conçu pour lui une forte inclination, trouva moyen de l'engager à lui rendre visite, sous des prétextes qui n'avaient rien que de raisonnable. Elle lui laissa entrevoir alors ce qu'elle sentait à son égard, et la disposition où elle était de vouloir faire la fortune du comte en l'épousant. C'est un attrait bien sensible, pour un jeune homme de condition, que le plaisir soutenu de l'intérêt ; cependant Louis se débarrassa de la veuve passionnée, en la remerciant avec respect, et lui disant qu'un fils de famille ne se mariait point sans l'agrément de ses parents. Les instances de la dame n'en demeurèrent pas là, et elle usa de tous les artifices imaginables pour le faire revenir chez elle. Louis, s'en apercevant, et craignant d'être surpris, eut recours à la vertu toute-puissante de la prière ; après quoi il ne pensa plus à combattre l'ennemi que par la fuite : de manière qu'il ne voulut jamais entendre aucune des raisons qu'on put lui apporter, pour rendre à cette dame du moins quelques visites de civilité. Délivré heureusement d'un si grand danger, il travailla encore davantage à sa sûreté, en rendant de plus en plus à Dieu de vives actions de grâces de lui avoir fait éviter les piéges que lui dressait le démon, et qui étaient cachés sous de si belles apparences.

L'expérience de ces occasions, également funestes et communes, le rendant plus circonspect que jamais pour lui-même, lui inspira encore une tendre compassion pour les jeunes gens, qui sont continuellement exposés, dans le monde, à de semblables malheurs; aussi se fit-il une sainte habitude, et même un point de conscience, de prier Dieu pour eux très-souvent. « S'ils pouvaient, disait-il quelquefois, avoir présente à l'esprit une pensée qui me frappe, ce leur serait sans doute une forte digue contre le débordement de leurs passions. » Cette pensée était qu'il suffit d'être chrétien pour avoir horreur de déshonorer dans son corps le caractère d'enfant de Dieu. Il a protesté plusieurs fois que, dans les tentations les plus violentes, il se sentait élevé au-dessus de lui-même, en se disant intérieurement: « Chrétien infidèle, serais-tu assez lâche pour consentir jamais à effacer en toi l'image de Dieu? »

Cependant le péril qu'il avait couru à Rome, du côté de son salut, lui donna un extrême dégoût pour le séjour de cette ville. Il se détermina donc à en sortir; avant de le faire, il eut la consolation de communier de la main du pape Clément VIII, et de gagner l'indulgence du Jubilé universel de l'année 1600. Il reçut dans le même temps la triste nouvelle de la mort de son père; ce qui lui fut un nouveau motif de quitter sans délai l'Italie.

CHAPITRE V.

Les mouvements du voyage empêchèrent d'abord le comte de ressentir tout le poids de son affliction ; mais, quand il fut arrivé, et qu'il eut pris un peu de repos, il sentit toute la vivacité de sa douleur. Il ne trouvait d'adoucissement que dans ces paroles du saint homme Job, qu'il répétait souvent : « Le Seigneur me l'avait donné, ce père qui m'était si cher, le Seigneur me l'a ôté, que le nom du Seigneur soit béni. »

Ce fut néanmoins pour lui une autre source de

consolation, de répandre ses larmes dans le sein de son frère François de Sales, qui, depuis quelque temps, était devenu évêque de Genève. Après que le saint prélat lui eut appris à tirer d'une grande affliction un avantage considérable pour son avancement spirituel, il employa les moyens les plus propres à le distraire de sa douleur. Dans cette vue, il faisait souvent tomber l'entretien sur son voyage d'Italie, et lui en faisait dire les aventures. Il s'en trouva une que Louis racontait avec un plaisir particulier : savoir, qu'avant son départ un célèbre mathématicien, qui, comme il était assez ordinaire à certains savants d'Italie, faisait profession d'astrologie judiciaire, lui avait dressé son horoscope fort au long. Le B. François, après avoir vu lui-même ce papier, en fit un grand scrupule à son frère, et lui inspira le mépris que méritent ces frivoles prédictions.

Quand il eut suffisamment répandu son cœur auprès de son frère, qui était son père en Jésus-Christ, il se retira auprès de sa mère, pour contribuer à sa consolation. Elle n'en eut point de plus grande que celle de penser qu'elle allait lui remettre les soins de son veuvage et les affaires de sa famille. La crainte qu'il eut que cela ne lui attirât quelque jalousie dans sa maison lui fit résister d'abord à ce qu'elle souhaitait de lui. Toutes ses remontrances furent inutiles auprès de cette dame, parce qu'elle avait pris sa détermination par le conseil de son fils aîné, l'évêque de Genève, qui lui tenait lieu de tout. Ce que le comte avait craint du côté de ses frères ne manqua pas d'arriver ; mais, comme il avait prévu le nuage avec prudence, il le dissipa avec habileté. Il s'appliqua entièrement à gagner les esprits disposés à s'aigrir contre lui. Il affectait de prendre le conseil de tous, comme s'il en eût eu besoin, évitant toujours soigneusement tout ce qui aurait pu avoir la moindre apparence de domination. Par-là il prévint heureusement ces sortes de petits troubles qui ont coutume de s'élever quand il s'agit de régler les divers intérêts d'une famille. Il sut particulièrement conduire avec une adresse admirable l'esprit de sa belle-sœur, qui d'ailleurs faisait profession de piété, et était au fond très-vertueuse. Mais les personnes de ce caractère, ayant quelquefois leurs idées particulières, ne sont pas toujours les plus faciles à ménager dans les affaires de la vie civile. Aussi les frères du jeune comte ne cessaient-ils de lui marquer l'étonnement où ils étaient de ce qu'il avait pu amener cette dame à ce qu'on voulait d'elle.

Une conduite si sage redoubla dans la maison des Sales la vénération et la tendresse qu'on y avait pour le comte. C'est pourquoi l'on y souhaita unanimement que celui qui en était un si digne chef par ses grandes qualités en relevât encore l'éclat par une alliance illustre. Sa mère le détermina donc à se marier, se reposant entièrement sur lui du choix de l'épouse qu'il voudrait prendre. Dans cette délibération, il eut d'abord recours à Dieu, selon sa coutume, et il jeta ensuite les yeux sur mademoiselle Claudine-Philiberte de Pingon-Cussy. On ne pouvait penser à un mariage plus convenable. Les maisons de Sales et de Cussy étaient également alliées à des maisons souveraines. C'est dire assez, pour ce qui regarde leur noblesse. Pour ce qui regarde la piété, les rapports qu'il y avait entre elles n'étaient pas moins frappants ; car, outre que, dans l'une et dans l'autre, la vertu était héréditaire, l'une et l'autre ont eu encore l'avantage de donner à l'Eglise des saints canonisés.

Bien que cette affaire eût été bientôt conclue, on jugea à propos de différer le mariage pendant un an, parce que la demoiselle était fort jeune.

Le comte s'appliqua, durant cet intervalle, à mériter les grâces du ciel pour l'état auquel il devait s'engager, et recourut, comme il avait coutume de le faire dans les besoins particuliers, à l'intercession de la sainte Vierge. Il crut en ressentir l'effet dans une conjoncture remarquable. Comme il allait au château de Cussy, et qu'il passait à gué la rivière de Chétan, son cheval s'abattit sous lui. Le courant, qui était rapide, l'entraîna fort loin, sans que ses gens pussent lui donner aucun secours. Il implore avec une nouvelle confiance celui de la Mère de Dieu, et fait vœu d'aller à Notre-Dame de Mians, célèbre dévotion du pays. Aussitôt il trouva moyen de s'attacher au rivage, et de se mettre en sûreté. Cet accident était propre à faire faire des réflexions salutaires : il n'est pas besoin de dire combien le furent celles d'un homme qui savait si bien profiter de toutes les occasions pour son avancement spirituel.

C'est dans ces dispositions qu'il contracta les sacrés nœuds du mariage. La cérémonie s'en fit, le second jour d'avril, par le ministère de saint François de Sales, dans le château de Crest, demeure ordinaire du comte de Cussy, père de la nouvelle épouse.

Ce ne fut pas seulement par les préparations chrétiennes que le comte de Sales apporta à son mariage qu'il le rendit heureux, ce fut encore par les moyens qu'il prit pour en remplir les obligations, aussitôt qu'il y fut engagé : car, au lieu que les mondains ne pensent alors qu'à passer leur vie dans le plaisir, ou, tout au plus, dans le soin d'établir leur fortune, il ne pensa qu'à assurer son salut en son nouvel état. Il travailla, pour y réussir, à faire un recueil des plus beaux endroits de l'Ecriture sainte, et, en particulier, des Epitres de saint Paul les plus propres à servir de règle et d'instruction aux personnes mariées. Il prévint de la sorte les dérèglements qui profanent si souvent, parmi les chrétiens, la sainteté du mariage, et qui détournent les bénédictions attachées à ce grand sacrement.

Celles que le comte s'attira du ciel parurent surtout quand il eut amené sa jeune épouse dans sa famille, au château de Sales. On ne peut dire la régularité, l'union et la douceur qui y régnaient. Si elle peut s'exprimer, c'est sans doute par les paroles mêmes de saint François de Sales : il était le confesseur de tous ceux qui composaient cette illustre et pieuse maison, où il venait de temps en temps faire fructifier les grâces que Dieu y répandait. Voici comment il s'en explique avec madame la baronne de Chantal, qui fut depuis sa coopératrice dans l'établissement de l'institut de la Visitation, et qui était dès-lors sa chère fille en Jésus-Christ : « Je ne peux vous cacher que je suis présentement à Sales, comblé d'une tendre et incomparable consolation auprès de ma bonne mère. En vérité, vous auriez du plaisir de voir un si parfait accord parmi des choses qui sont, pour l'ordinaire, si discordantes : belle-mère, belle-fille, belle-sœur, frères et beaux-frères. Entre tout cela, ma vraie fille, je puis vous assurer, à la gloire de Dieu, qu'il n'y a ici qu'un cœur et qu'une âme en unité de son très-saint amour, et j'espère que la grâce du Seigneur s'y doit rendre abondante : car déjà c'est une chose bonne, belle et suave, de voir comme cette fraternité demeure ensemble. Votre envoyé pourra vous dire qu'hier, universellement, toute cette aimable famille vint à confesse à moi, en notre petit château, mais avec tant de piété que l'on eût dit qu'il y avait un jubilé d'année sainte à gagner. »

Mais, pour montrer la part qu'avait Louis dans la conduite d'une famille si admirable et si chrétienne, il ne faut que citer un passage d'une autre lettre du bienheureux François à la même dame de Chantal :

« Mon cher la Tuille (c'est le nom d'une terre de la maison de Sales, et celui que portait alors le comte Louis) vous salue humblement... Jamais la dévotion ne fut plus florissante dans la famille. Je vous avoue qu'une bonne partie de la louange en est due à notre la Tuille ; car cette intelligence ne se peut faire sans une très-grande sagesse et piété en celui qui a la conduite principale de tout cela. »

CHAPITRE VI.

La sagesse extraordinaire que nous avons vue dans Louis ne se bornait pas au-dedans de la famille, elle s'étendait encore sur tous les emplois qu'il avait à soutenir dans le monde, et il n'y eut pas de moindres succès. Tous ceux qui avaient des affaires avec sa famille voulaient en traiter avec lui, pour les terminer promptement et heureusement. C'est ce qui parut surtout par le procédé de Vespasien Grimaldi, archevêque de Vienne en Dauphiné, prélat illustre et d'une grande réputation à la cour de

France. Il conjura saint François de Sales de ne lui envoyer que son frère, pour faire la discussion de divers intérêts considérables qu'il avait à démêler avec la maison de Sales. Il trouvait que les choses les plus épineuses se changeaient en agrément quand Louis les maniait ou qu'il en parlait; ce à quoi contribuaient également et la douceur de ses manières, et la netteté de son esprit. C'est aussi ce qui a fait dire plusieurs fois à ce prélat : « Si j'étais pape ou roi, je voudrais avoir pour mon principal ministre ou François de Sales, ou son frère le comte ; je ne connais personne qui soit plus habile, plus prudent, ni en même temps plus chrétien que celui-ci. »

Le comte fit paraître cette dernière qualité, la plus essentielle de toutes, dans une occasion singulière; sa conduite sur ce point peut servir d'une grande leçon aux personnes destinées, dans le monde, à remplir des emplois importants. Le baron de Cussy, son beau-père, qui l'aimait tendrement, voulut l'engager à demeurer auprès de lui. Pour cet effet, il lui obtint de S. A. R. de Savoie la lieutenance de Montmélian. Louis, y étant allé souvent avec son beau-père, avait remarqué de grands dérèglements parmi la garnison; craignant donc qu'au lieu d'y pouvoir remédier, il ne fût en danger d'en éprouver lui-même quelque atteinte, il prit le parti de remercier Son Altesse, la suppliant de pardonner à son peu de capacité (c'est comme il s'exprimait), s'il ne prenait pas l'emploi qui lui était présenté.

Comme on s'étonnait qu'il eût abandonné un poste de cette considération : « Rien, dit-il à un de ses amis, ne doit être estimé considérable à un chrétien de ce qui est l'occasion de sa ruine spirituelle. En matière de salut et de religion, ajouta-t-il, si l'on ne peut surmonter les obstacles, c'est une nécessité d'éviter la voie où ils se rencontrent. » La prudence charnelle, qui cherche à diminuer le mérite d'une conscience délicate, avec laquelle elle ne peut s'accorder, voudrait peut-être attribuer ces sentiments au caractère d'un esprit peu éclairé; mais le comte avait donné en toute occasion, et donna encore dans ce temps-là même, des marques d'une prudence et d'un discernement à l'épreuve de toute la critique.

Les troupes espagnoles auxiliaires de l'État de Savoie, commandées par le colonel don Sanche de Rana, pensaient à s'emparer de la ville d'Annecy, pour en faire une place d'armes. Après avoir fait des tentatives qui n'avaient pas réussi, ils prirent un moyen d'autant plus efficace qu'il paraissait moins suspect : ce fut de traiter avec les habitants pour acheter plusieurs maisons voisines des portes de la ville, sous prétexte de mieux faire leur garde, et d'y établir un hôpital. Les magistrats, assemblés dans la maison de ville, donnaient déjà dans le piège, et opinaient à recevoir, comme un avantage visible, les offres dangereuses qu'on leur faisait; mais le comte de Sales, sans être appelé dans cette assemblée, s'y rendit incessamment, et découvrit si bien le but des Espagnols qu'il rompit tout-à-coup un projet fort contraire aux intérêts de sa patrie, et qui était néanmoins sur le point d'être exécuté. Le duc Charles Emmanuel, son prince, lui sut si bon gré de ce service important qu'il lui en fit faire des remercîments par M. d'Assigny, gouverneur de Savoie; et tout le monde jugea du mérite de cette action comme le prince. En effet il n'avait pas fallu moins d'habileté au comte pour ramener les esprits des habitants que de valeur pour mépriser le danger où il s'exposait en s'attirant le ressentiment des Espagnols.

Son mérite ne parut pas avec moins d'éclat dans une négociation chez les Suisses, où il fut employé durant près de deux ans. Le succès qu'il y eut est d'autant plus remarquable que les huguenots firent tout leur possible pour le traverser, par l'animosité qu'ils avaient conçue contre lui, à cause du zèle que lui et son saint frère l'évêque de Genève témoignaient hautement pour la destruction de leur secte.

La jalousie lui attira encore une affaire épineuse, dont il ne se tira pas avec moins d'avantage. C'était un procès qu'à la persuasion de quelques esprits envieux lui suscita la duchesse de Mercœur, Marie de Luxembourg. La chose était des plus difficiles à terminer, car il fallait démêler les intérêts de la maison de Sales de ceux du duc de Nemours et de ceux de la duchesse de Mercœur, pour garder un milieu si juste qu'en conservant ce qui appartenait à sa famille, il ne donnât nulle atteinte ni à l'une ni à l'autre de ces deux puissances. Il en vint si bien à bout que non-seulement il fit consentir la princesse à renoncer à la baronnie de Torenc, qu'elle redemandait, mais encore qu'il gagna ses bonnes grâces, et pour lui en particulier, et pour la maison de Sales en général, à qui elle demeura toujours, depuis, extrêmement affectionnée.

CHAPITRE VII.

L'HEUREUX succès qu'il eut dans l'affaire délicate de la duchesse de Mercœur fut une suite des grâces du ciel qu'il venait de recevoir par l'heureuse naissance d'un fils qu'on nomma Charles-Auguste. Les espérances qu'on en conçut, et dont il s'expliqua dès-lors assez ouvertement, ont paru, par l'événement, de véritables prédictions sur cet enfant chéri : celui-ci fut véritablement un vase d'élection, et une source de bénédictions nouvelles tant pour sa famille que pour le diocèse de Genève, dont il fut évêque dans la suite.

Cependant le comte s'appliquait continuellement à profiter des jours que le Seigneur lui rendait si heureux ; et, loin de les passer dans l'oisiveté, ou dans des amusements plus pernicieux encore que l'oisiveté, comme font ordinairement la plupart des personnes de condition, il les passait dans les occupations conformes à son état, les plus capables de rendre un gentilhomme utile à son prince et à sa patrie. Il s'appliquait, en particulier, à l'étude des mathématiques, et surtout des fortifications. Il s'y rendit si habile que les généraux des armées de Savoie venaient sans cesse le consulter. Le prince Thomas l'appela même auprès de lui pour entrer dans son conseil de guerre, où l'on ne manquait presque jamais de déférer aux avis du comte. Il les rendait estimables, non-seulement en découvrant dans chaque affaire le point qu'il fallait se proposer, mais encore en fournissant des expédients aisés et naturels pour y parvenir.

Le bienheureux François, voulant aussi profiter des grandes lumières et des rares talents du comte son frère, eut recours à lui dans une négociation délicate dont il se trouva chargé. On l'avait fait arbitre d'un différend survenu au sujet des salines de Bourgogne, pour démêler les droits du roi d'Espagne de ceux du clergé de Franche-Comté. Il n'osa entreprendre cette affaire qu'après avoir engagé le comte de Sales à y entrer, et à faire même avec lui le voyage de Besançon. Dès que celui-ci se fut instruit à fond de la chose, il en parla d'une manière si judicieuse et si nette, dans une assemblée où se trouvèrent les agents du roi d'Espagne et les prélats du pays, qu'on ne pensa plus, de côté et d'autre, qu'à gagner l'esprit du comte de Sales, comme si on se fût tenu assuré d'une favorable décision en gagnant son suffrage. M. Bidaut en particulier, un des plus habiles ministres d'Espagne au conseil de Malines, lui rendit en secret de fréquentes visites, lui témoignant une estime et une confiance extraordinaires, et tâchant de l'engager au service d'Espagne par les promesses les plus flatteuses ; mais un cœur aussi droit que celui de Louis n'était nullement susceptible de ces sortes d'impressions. Au lieu de s'écarter en rien de l'attachement qu'il devait conserver pour son prince, il y fit servir les moyens que l'on employait pour lui faire prendre d'autres engagements. Ainsi, sans refuser ouvertement les offres qu'on lui faisait, il ménagea toujours le ministre pour découvrir les vues de la politique d'Espagne ; et ce qu'il apprit par cette sage conduite fut d'un grand avantage à Son Altesse de Savoie Victor Amédée, qui fut également satisfait du zèle et de l'habileté du comte de Sales. Aussi lui témoigna-t-il, d'abord par des paroles obligeantes, et ensuite par des bienfaits, combien il était content de sa négociation ; car il se détermina à lui confier les emplois et les secrets les plus importants de l'Etat.

La satisfaction que le comte, à son retour de Bourgogne, reçut du côté de son prince fut troublée par un sujet de chagrin qu'il eut du côté de sa famille, où il trouva quelque mésintelligence. Nulle des personnes qui la composaient n'en était proprement la cause : c'était, comme il arrive souvent, l'effet de certains discours de domestiques qui avaient aigri l'esprit de leurs maîtresses. Le saint évêque de Genève et le comte de Sales firent toutes sortes de tentatives pour rétablir la bonne intelligence ; mais celui-ci, voyant bien qu'elle ne pouvait être de longue durée entre des belles-sœurs, dont les brouilleries se renouvelaient quand on y pensait le moins, et sans qu'on pût bien en découvrir la source, jugea qu'il était à propos de séparer les familles. L'expérience lui avait fait connaître qu'en matière d'aversion, aussi bien qu'en matière d'intérêt, où l'on n'est jamais assez sur ses gardes, il vaut beaucoup mieux écarter entièrement les occasions que d'exposer la vertu au danger d'y succomber. Le bienheureux François goûta ce dessein, et l'avait eu le premier ; mais autant qu'il semblait naturel de le former, autant était-il difficile à exécuter, à cause du testament du seigneur de Sales, père de toute cette illustre famille. Il avait disposé son testament de manière à obliger ses enfants à demeurer ensemble, ainsi qu'ils le faisaient de son vivant ; et, afin de mettre un plus grand obstacle à leur séparation, il avait marqué qu'en cas qu'on fût obligé de la faire pour le bien de la paix, l'aîné (c'était l'évêque de Genève) ferait les partages, et que les puînés, à commencer par le dernier de tous, choisiraient les uns après les autres. C'est de la sorte que Bernard de Sales, le plus jeune, choisit la maison paternelle. Cependant il parut peu convenable, et même injuste, que celui qui était, par l'ordre de la nature, le dernier de la maison, eût une prérogative qui semblait appartenir de droit à l'aîné. Ainsi on parla d'en revenir aux par-partages. Louis y était le plus intéressé, comme le plus âgé des frères qui étaient dans le monde. Sa femme, beaucoup plus sensible à ses intérêts que lui-même, l'animait fortement à les soutenir; mais lui, s'apercevant que le saint évêque son frère était bien aise, à cause des dernières volontés de leur père, que les choses demeurassent comme elles avaient été faites d'abord, sacrifia à la paix de la famille et l'inclination de sa femme, et le soin de son avantage particulier. Il fit même entrer insensiblement la comtesse dans son sentiment sur ce point, en lui disant diverses fois: « Croyez-moi, Madame, la paix dans les familles est le plus grand de tous les biens; ce que nous prétendons obtenir ne vaut pas la tranquillité que nous perdrions, sans compter que c'est pour nous un trésor inestimable que l'amitié d'un saint, qui est notre frère. »

CHAPITRE VIII.

Le comte, en sacrifiant d'une manière si généreuse et si chrétienne ses propres intérêts à l'établissement de la paix dans sa famille, se disposait, par un ordre secret de la Providence, à un sacrifice plus grand. C'est ainsi que Dieu se plaît à éprouver ses plus fidèles serviteurs, et à les conduire, comme par degrés, au parfait détachement des choses sensibles, pour les rendre plus conformes à l'image de son Fils. Ce sacrifice fut la perte de sa femme, que la mort lui enleva le 9 mars 1609. Sa douleur fut d'abord des plus violentes ; mais la grâce et la religion vinrent au secours de la nature : il adora avec un profond respect et une entière soumission les ordres du Seigneur, et, pour donner aux restes de sa douleur un soulagement véritablement chrétien, il s'occupa lui-même à écrire les plus beaux traits de piété qui avaient paru dans la vie et surtout dans la dernière maladie de cette dame si vertueuse ; car elle y avait fait paraître une douceur et une patience admirables, un grand mépris des choses de la terre, et une ardeur très-vive d'être unie à Dieu. Le comte s'expliquait sur tous ces points avec une onction particulière dans la lettre qu'il écrivit à M. le baron de Cussy, son beau-père ; celui-ci en fut si touché qu'il crut devoir lui-même venir trouver son gendre pour se consoler avec lui par l'épanchement mutuel de leurs sentiments.

Les affaires de M. de Cussy l'ayant obligé de retourner chez lui, le comte de Sales se retira, de son côté, à Annecy, auprès de son cher frère l'évêque de Genève. Ce saint prélat, considérant alors, avec plus de loisir qu'il n'avait encore fait, les trésors de grâce que Dieu avait renfermés dans l'âme du comte, e voyant d'ailleurs que, par son veuvage, il se trou vait en liberté de prendre un nouvel état, jeta le yeux sur lui pour en faire son successeur, et il l lui insinua même en diverses occasions. Afin de con naître plus distinctement la volonté de Dieu sur c point, ils convinrent de redoubler, à cette intention leurs prières et leurs bonnes œuvres. Cependant le comte ne se sentit pas plus appelé qu'autrefois à l'état ecclésiastique, Dieu voulant encore qu'il demeurât dans le monde pour y donner de nouveaux exemples d'une rare piété, et pour être le soutien de la maison de Sales.

Deux de ses frères, Bernard et Jean-François de Sales, qui avaient eu déjà ces vues, furent des premiers à l'exhorter à se remarier, et à prendre un parti avantageux qui se présentait dans la Franche-Comté. Comme il y avait alors quelques brouilleries entre la Savoie et l'Espagne le comte aima mieux renoncer à tous ces avantages que de contracter, dans un pays de la domination d'Espagne, un engagement qui ne convenait pas assez à un bon sujet du duc de Savoie. Ainsi, pour condescendre à ce que sa famille témoignait souhaiter de lui, il crut devoir penser à mademoiselle Favre, fille du président Antoine Favre, baron de Peroue, dont nous avons déjà parlé. La chose faisait un sensible plaisir aux deux familles, qui avaient eu depuis long-temps de grandes liaisons ; mais, quand on pensa à terminer l'affaire, la demoiselle, qui avait toujours marqué une estime particulière pour le comte de Sales, déclara à M. Favre, son père, qu'elle était résolue à ne point se marier, et qu'elle le suppliait de le trouver bon. Le président, surpris et piqué de cette réponse, lui remontra fortement quel tort elle se faisait à elle-même et à toute sa famille, de refuser une alliance si ho-

3.

norable ; de sorte que, pour adoucir l'esprit de son père, elle vint se jeter aux pieds du saint évêque de Genève, le conjurant d'empêcher l'exécution d'un dessein si opposé à celui qu'elle avait formé depuis long-temps de n'avoir que Jésus-Christ pour époux. Le saint prélat n'eut pas de peine à seconder des sentiments si religieux, mais il en eut extrêmement à y faire entrer le président, et il ne lui fallut pas moins, pour cela, que toute l'autorité qu'il avait depuis long-temps sur l'esprit de cet ancien ami. La peine qu'avait le président de voir rompre une affaire qui l'avait flatté augmentait encore par celle qu'en pouvait avoir le comte de Sales, qui comptait se marier incessamment. Le bienheureux François, connaissant à fond le caractère de son frère, se chargea de tout ; et, pour le disposer à une nouvelle qui naturellement ne devait pas lui plaire, il donna à la chose un tour également agréable et singulier : comme ils étaient à table, il lui adressa la parole en souriant, et lui dit : « Mon frère, vous ne savez pas que vous avez un redoutable rival, et que vous serez obligé de lui céder votre maîtresse ? » Le comte, se figurant toute autre chose qu'on ne lui voulait insinuer, repartit assez vivement qu'à la réserve de S. A. R. son souverain, il ne voyait pas qui aurait assez de hardiesse pour prétendre l'emporter sur lui. « C'est pourtant un rival, ajouta le saint, devant qui, tout brave que vous êtes, vous trembleriez vous-même. » Et, sur cela, il lui expliqua l'énigme.

Le comte en parut touché à l'instant; mais un moment de réflexion lui fit généreusement sacrifier à la volonté de Dieu une inclination légitime jusqu'alors, et qui, hors de ces circonstances, lui eût été aussi chère que la vie. Sur cela, parlant, peu après, à mademoiselle Favre, il lui témoigna qu'il aurait été inconsolable si elle l'eût quitté pour un autre homme, quel qu'il pût être; mais qu'il était si beau de renoncer à tous les hommes du monde pour s'attacher uniquement à leur souverain Maître qu'il ne pouvait assez louer sa résolution. Alors il la confirma de tout son pouvoir dans son dessein, quoi qu'il lui en dût coûter à lui-même. Bien plus, il contribua en toute manière à hâter l'exécution des vues qu'elle avait de commencer, avec madame de Chantal et madame de Bréchard, l'excellent institut que le saint évêque de Genève avait projeté depuis quelque temps.

En effet, le 6 juin de l'an 1610, il conduisit lui-même ces trois dames dans une maison d'un faubourg d'Annecy. Ce fut comme le berceau de l'ordre de la Visitation, dont les progrès ont toujours été depuis si sensibles et si merveilleux. On voit par-là combien celles qui y sont appelées doivent honorer la mémoire du comte Louis de Sales, qui, pour ainsi dire, a placé leurs premières mères dans la maison de Dieu. Il en eut depuis tant de consolation, et conçut tant de confiance en la haute piété de ces saintes filles, que, dans ses besoins, et en particulier dans les derniers moments de sa vie, il se rassurait lui-même sur le crédit de ces épouses de Jésus-Christ, espérant que, par leurs prières, il obtiendrait le ciel, après les avoir conduites, en quelque sorte, à la porte du ciel, qui est la vie religieuse.

Cette vertu sublime fit naître encore dans l'esprit du saint évêque de Genève la pensée dont il avait été frappé plusieurs fois, qu'il procurerait un avantage immense à son diocèse d'y laisser pour son successeur son frère Louis. On peut admirer ici comment les saints, avec la même intention de procurer la plus grande gloire de Dieu, ont néanmoins pour cela des vues entièrement opposées. Tout rappelait à saint François de Sales une idée dans laquelle son frère ne pouvait entrer. Celui-ci venait d'être élevé par le duc de Nemours, avec l'agrément de son Altesse Royale de Savoie, à la charge de chevalier du conseil de Genevois : c'était la première place pour un homme d'épée ; Louis la remplissait avec une satisfaction universelle du prince, des magistrats et de la noblesse. Le saint évêque de Genève trouvait que de si grands talents devaient être employés aux ministères les plus saints. Il lui en écrivit dans les termes les plus pressants, lui faisant un plan du bien qu'ils feraient quand ils travailleraient unanimement dans la vigne du Seigneur ; mais, au lieu de correspondre à de si vives sollicitations, voici la réponse qu'y fit le comte : « En vérité, Monseigneur et bon frère, ma seule indignité me retire de la prêtrise ; mais, quand je pourrais m'engager au simple sacerdoce, dont je me sens incapable en toutes manières, jamais, au grand jamais, je ne pourrais penser à la dignité épiscopale, à cause de la charge des âmes qui y est attachée; et, comme je me sens entièrement dépourvu de toutes les qualités nécessaires à un état si parfait, je vous supplie de n'y penser aucunement pour moi. » Le bienheureux François fut obligé de prendre ce parti, bien que les raisons de son frère ne fissent pas toute leur impression sur lui, persuadé toujours qu'on ne pouvait avoir les vertus requises au ministère sacré dans un plus haut degré que Louis : on en peut juger par sa charité, qui est l'âme de toutes les autres, et dont il donna vers ce temps-là même une preuve des plus touchantes.

Un méchant homme, son voisin, indigne du sacré caractère dont il était revêtu, s'étant mis en tête que des moulins d'une terre du comte lui faisaient tort, y fit mettre le feu par des paysans qui furent reconnus, puis arrêtés par la justice. Le comte sollicita leur grâce de tout son pouvoir, et ne put néanmoins les soustraire au supplice qu'ils avaient mérité. Sa charité, n'ayant pas réussi à son gré de ce côté-là, se dédommagea par un autre endroit. Le prêtre, qui s'était échappé et avait disparu pendant plusieurs années, revint enfin déguisé dans le pays, y menant une vie misérable chez un paysan à qui il servait de valet. Louis le sut et ne cessa, sous main, de lui faire des aumônes, sans lui donner jamais nul signe qu'il le reconnaissait, afin de lui épargner la confusion et la peine qu'il en aurait eues.

CHAPITRE IX.

Tandis que le comte de Sales ne pensait ainsi qu'à l'exercice des plus hautes vertus du christianisme, ses parents et ses amis crurent qu'ils devaient le faire penser au bien de sa famille; et, comme il n'avait qu'un fils, de faible complexion, tous unanimement, et même le B. François, le déterminèrent à un second mariage avec mademoiselle de Roüer-Saint-Séverin. Le saint prélat honora encore de la bénédiction nuptiale cette alliance, qui était des plus considérables, et qui unissait à la maison de Sales celles de Provane, de Solara et d'autres des plus illustres, d'où sortait la jeune comtesse. Celle-ci entra si bien dans le caractère et dans les sentiments de son mari qu'il n'eut jamais un temps plus propre pour vaquer aux exercices de piété. Son occupation la plus ordinaire, en 1613, était la lecture des Œuvres manuscrites sur l'Amour de Dieu, que le B. évêque de Genève composait alors, et sur lesquelles il lui demandait son sentiment, le conjurant d'y corriger ce qu'il jugerait à propos. On ne peut avoir une preuve plus grande de l'estime que saint François de Sales faisait de l'esprit et de la piété de son frère; mais on ne peut avoir aussi des témoignages plus sensibles de la vénération de ce frère à l'égard du saint évêque, que la manière dont il lisait ses ouvrages. Loin de penser à y rien changer, il ne se mettait à les lire qu'après s'y être préparé par l'oraison; il les lisait, pour l'ordinaire, à genoux au pied de son oratoire, se trouvant, par cette lecture, si plein de l'amour de Dieu que son visage en paraissait enflammé : ceux qui l'approchaient en ont rendu témoignage.

Le repos tout chrétien dont il jouissait, et pour lequel il avait tant de goût, ne le retenait néanmoins qu'autant que les devoirs de son état ne l'appelaient point à une vie plus répandue au-dehors. La cour de Savoie ayant intercepté, en 1616, des lettres en chiffres, ne jugea personne plus capable que lui de pénétrer des mystères qui paraissaient importants à l'Etat. Le comte les éclaircit entièrement, et ils se trouvèrent tels qu'on les avait soupçonnés ; mais autant la cour s'applaudit de les avoir découverts, autant admira-t-elle l'habileté du comte à les déchiffrer ; ce que personne ne s'était trouvé capable de faire. Une autre occasion aussi importante l'empêcha de rentrer dans sa retraite aussitôt qu'il l'aurait souhaité.

Huit cents hommes du régiment de Poligny s'étaient saisis, en l'absence du baron de Torenc, de sept ou huit paroisses, autour du château de Sales. Le comte en fut averti ; aussitôt, soutenu de l'autorité du marquis de Lens, gouverneur de Savoie, il mit trois cents hommes sous les armes, et vint, à leur tête, contre les soldats de Poligny, qui formaient un petit bataillon, à une lieue de Sales. Alors, invoquant le Dieu des armées, il anima sa petite troupe, et chargea si vivement celle des ennemis, trois fois plus nombreuse, qu'il la désarma, et la conduisit jusqu'à la ville de Conflans, à neuf lieues de là, faisant restituer aux habitants tout ce qui leur avait été pillé. Cette action attira au comte, de la part de la cour, non-seulement les louanges qu'elle méritait, mais encore l'offre qu'on lui fit de lui donner un régiment de douze cents hommes entretenus ; mais le saint évêque, par les avis duquel il se conduisait, ne jugea pas à propos qu'il l'acceptât, parce que la vie de ses deux autres frères était déjà trop exposée, l'un étant dans le service de Savoie, et l'autre chevalier sur les galères de Malte : le comte, pensait-il, demeurant seul, devait être réservé pour veiller aux affaires de la maison, et pour en être la ressource dans le besoin.

Il ne laissa pas d'exposer extrêmement sa personne peu de temps après avec beaucoup de joie, et avec le consentement du saint prélat, dans une occasion qui survint ; mais l'État y était trop intéressé pour qu'on pût avoir égard à la vie d'un particulier, quelque importante qu'elle fût.

Les compagnies françaises du sieur de La Grange étant sur le point de surprendre la ville d'Annecy, on eut recours au comte de Sales pour aller trouver le prince Victor-Amédée, et l'avertir de l'état des choses. Le prince jugea à propos de se rendre lui-même à Annecy, où, s'enfermant avec le comte et l'évêque son frère, chez qui Son Altesse voulut loger, il leur communiqua ses pensées. Il résolut donc d'envoyer le comte à Besançon, d'où venait une partie des troubles, et où le duc de Nemours avait des intelligences. Le voyage ne pouvait se faire, dans ces conjonctures, sans un grand danger ; cependant il arriva heureusement à Besançon. Il y gagna si bien les esprits qu'il apprit tout ce qui se tramait contre l'Etat de Savoie, et obtint une réponse du parlement de Besançon telle qu'il la souhaitait. Mais cet heureux succès le mit plus en danger qu'il n'avait jamais été. Les partisans d'Espagne, n'ayant pu empêcher sa négociation, prétendirent empêcher son retour ; ils envoyèrent des gens déterminés pour lui couper le chemin. C'en était fait de sa vie si Dieu, qui le conduisait, ne lui eût inspiré de prendre une route écartée, au travers des bois, et de marcher, jour et nuit, avec une si grande diligence qu'on ne put l'atteindre. Lorsqu'on sut en Savoie les particularités de sa négociation et de son voyage, on en parla comme de l'effet d'une providence extraordinaire. Les magistrats d'Annecy, pour en perpétuer le souvenir, mirent la chose dans leur registre en ces termes : « Noble seigneur Louis de Sales est revenu heureusement de son ambassade de Bourgogne, où il avait été envoyé par monseigneur le prince de Piémont. » En effet, le prince déclara hautement que la seule habileté du comte avait détourné les incursions des Espagnols de dessus les terres de Savoie, ce qui tarit la source des troubles ; car le duc de Nemours, voyant la politique des ministres d'Espagne découverte, et qu'ils l'avaient engagé dans leurs desseins sur des espérances peu solides, renonçant à ses prétentions, vint mettre bas les armes aux pieds de Son Altesse. Les suites si avantageuses de la négociation du comte en relevèrent de nouveau le mérite auprès du prince de Piémont, qui ne se lassait point d'en parler ; il eut la bonté de dire un jour au prélat, en l'embrassant : « En vérité, monsieur de Genève, vous avez un frère incomparable ; il a plus fait pour le bien de l'Etat en trois jours que d'autres n'en feraient en trois ans. » Il est aisé de juger combien le comte en reçut de compliments; mais, au lieu de s'en applaudir, il y répondait par sa maxime ordinaire : « Il n'y a qu'à laisser agir Dieu pour nous conduire sûrement dans ce qui regarde nos devoirs; alors il ne manque pas de faire quelque chose de bon et par nous et pour nous; ainsi toute la gloire lui en est due. » Cependant l'accommodement du prince de Piémont et du duc de Nemours devant se terminer entièrement le 25 novembre de l'année 1616, Son Altesse voulut que le comte fût présent à l'entrevue, où ces deux princes s'embrassèrent et se jurèrent une amitié inviolable ; tellement qu'il n'y eut plus d'autre émulation entre eux que de prétendre garder, chacun auprès de soi, le comte de Sales, qui était devenu également cher à l'un et à l'autre. Mais il était juste que le prince de Piémont l'emportât : il le retint à Annecy, il le fit entrer dans ses conseils, et même dans sa familiarité; tandis que le duc de Nemours se retira à la cour de France pour des affaires qui l'y appelaient.

Comme le comte n'entrait dans celles du monde qu'autant que son devoir l'y obligeait, et que, loin de chercher à s'y intriguer, il avait conçu depuis long-temps un parfait mépris pour les choses de la terre, dès qu'il vit que le prince n'avait plus besoin de son service, il reprit sa vie uniforme et tranquille : c'est ce qu'il appelait la vie d'un vrai chrétien et l'avant-goût du bonheur du ciel. Non-seulement il en aimait la douceur, mais il en sentait la nécessité ; jugeant qu'il était impossible à une âme toujours agitée des mouvements du siècle de s'entretenir dans l'union qu'elle doit avoir avec Dieu. Cependant l'attrait particulier qu'il avait pour la solitude ne balança jamais la détermination où il était de remplir ses autres devoirs. Ainsi la mort de son frère Bernard, baron de Torenc, qui survint l'an 1617, le tira du repos de sa retraite, pour travailler aux affaires de sa famille, dont il était chargé, puisqu'il en était le chef. Dans cette vue, il forma le dessein d'en vendre les terres pour en acheter une autre beaucoup plus considérable, qui était le marquisat de Conflans. Le B. François lui fit faire réflexion qu'il valait mieux conserver l'héritage de ses pères, et payer les dettes que Bernard avait laissées, que de chercher à élever sa maison par un grand marquisat. Il se rendit à cet avis salutaire, éprouvant avec plaisir la confusion d'en avoir eu besoin, et se félicita de nouveau, à cette occasion, d'avoir un frère dont les conseils lui étaient toujours si utiles et pour le temps et pour l'éternité.

CHAPITRE X.

L'ESPRIT de charité et de douceur qui conduisait le comte dans les affaires de la vie civile le fit sortir heureusement d'un procès fâcheux que lui suscitèrent, en 1618, trois frères, de ses proches parents, à l'instigation d'un esprit mal fait qui cherchait à brouiller la maison de Sales. La manière ouverte et chrétienne dont le comte leur parla contribua seule à leur ôter tout d'un coup leurs soupçons et leur aigreur contre lui ; de sorte qu'on en vint à un parfait accommodement, sans d'autres arbitres. Le mal même se changea en un bien sensible : car un des trois frères, prévôt de l'église cathédrale de Genève, prit un si grand attachement pour le comte que celui-ci lui demanda et obtint son fils Charles-Auguste, afin de l'élever, auprès de sa personne, dans la piété et dans les lettres ; ce qu'il fit avec une bénédiction de Dieu très-particulière. La charité de Louis n'avait point de bornes à l'égard de ceux mêmes qui s'en rendaient le plus indignes : en voici une preuve sensible.

Le duc de Nemours, indigné contre son procureur fiscal, que l'on avait surpris en plusieurs malversations, voulait l'en punir. Bien que cet homme fût ennemi déclaré de la maison de Saxe, le comte néanmoins prit ses intérêts, se rendit caution pour lui, et lui ménagea les bonnes grâces du duc. Un procédé si généreux, qui devait gagner cet officier, et même l'attendrir, ne fit que le rendre plus fier et plus farouche : c'est ce qu'on avait prédit au comte ; et plusieurs blâmant une charité qui leur paraissait peu réglée : « Pour moi, répondit-il, loin d'avoir rien à me reprocher sur ce sujet, je ferais encore plus pour cet homme, si l'occasion s'en présentait. La mauvaise disposition des gens, ajoutat-il, ne doit point arrêter le devoir de la charité à leur égard ; et, quant à l'occasion qu'ils peuvent prendre de nous faire du mal, elle n'est pas à craindre lorsqu'on s'est assuré la protection du ciel en accomplissant ses ordres. »

Il fit bien voir, dans le même temps, que sa charité n'avait rien de timide, et qu'elle s'accordait très-bien avec une fermeté raisonnable. Un officier français, capitaine de cavalerie, aimait passionnément une parente du comte et voulait l'épouser ; mais, comme il lui rendait des visites trop familières avant que l'affaire fût arrêtée, le comte le pria d'en user avec plus de retenue, pour ménager la réputation d'une jeune fille de condition. L'officier prit mal cet avis, et envoya au château de Sales un cartel au comte. Celui-ci, sans s'émouvoir et sans oublier la crainte de Dieu, fit à l'envoyé une réponse dont il eut pourtant depuis un scrupule qui n'était peut-être pas sans fondement : « Dites à votre maître que j'ai aujourd'hui des affaires à Torenc, et qu'avec la grâce de Dieu j'irai demain entendre la messe, déterminé à faire mon devoir de chrétien et de gentilhomme. » Le lendemain, allant à la messe, à son ordinaire, il fut surpris de voir la maison de l'officier investie par les habitants, qui voulaient le lapider, parce qu'ils avaient su qu'il avait quelque mauvais dessein contre leur seigneur, qu'ils aimaient comme leur père. Le comte fit cesser le trouble, et obligea les habitants à se retirer ; ce qui gagna si fort le Français que sur-le-champ il lui demanda pardon, et une part dans ses bonnes grâces. A ce sujet, le comte lui dit : « Je suis bien aise, Monsieur, de vous réitérer, dans notre réconciliation, ce que j'ai tâché auparavant de vous faire entendre, qu'on n'a accès dans ma maison qu'avec des sentiments de crainte de Dieu, et par les voies les plus exactes de l'honneur ; du reste, je ne crains au monde que la perte de ces deux biens. »

Ces sentiments généreux parurent toujours dans le zèle avec lequel il quittait ses propres affaires pour servir également les petits et les grands. Les habitants du canton où il demeurait étant foulés, en ce temps-là, par les gens de guerre, et obligés de comparaître devant le sénat pour être condamnés à payer des sommes excessives qu'on exigeait d'eux, le comte accourut lui-même afin de prendre leur cause, et de leur ménager quelque soulagement, cela sans autre raison que de satisfaire sa charité et la bonté de son cœur, qui lui tenaient lieu de tout intérêt. Peu de temps après, il fut appelé à Chambéry pour donner son avis touchant certains articles du mariage de madame Christine de France, dernière fille du roi Henri IV, avec le prince de Piémont, Victor-Amédée. Dans ces conjonctures, où les idées d'honneur sont les seuls mobiles des autres hommes, le comte se serait reproché de faire une seule démarche qui n'aurait pas eu pour motif son devoir et le désir de se rendre utile à tous.

Non-seulement il en prenait avec joie les occasions, mais encore il les cherchait à ses propres dépens. Dans cet esprit, voyant que le voisinage d'un gentilhomme était un sujet continuel de querelles entre la noblesse du même pays, il résolut de faire l'acquisition de ses terres à des conditions peu avantageuses pour lui, achetant à force d'argent le bien de la paix, qu'il voulut toujours procurer autant qu'il lui fut possible, et pour les autres et pour lui-même. Il en montra, vers ce temps-là, un trait des plus singuliers qu'on ait peut-être jamais vus dans un homme de sa condition.

Le mariage de madame Christine de France avec le prince de Piémont ayant été consommé, ils se trouvèrent peu après à Chambéry, où toutes les personnes de qualité du pays venaient faire leur cour. Le comte de Sales, afin de marquer plus de respect en cette occasion, s'était fait faire un habit magnifique où, suivant la coutume de ce temps-là, le manteau était une partie des plus considérables. Le jour qu'il devait paraître, en présence de Leurs Altesses, à une grande cérémonie, il se trouva à dîner dans une auberge avec un grand nombre d'autres personnes de condition. Son valet de chambre, qui lui avait ôté son manteau quand on se mit à table, ne le retrouva plus quand on en sortit; cependant chacun s'empressait de se rendre à la cour au temps marqué : tous y allèrent excepté le comte, qui, s'y étant apparemment le plus préparé, se trouvait, par cette conjoncture, hors d'état d'y paraître. Il n'est pas besoin de remarquer à quel point une pareille aventure est mortifiante ; mais le comte, au lieu de s'émouvoir, ne dit simplement que ce mot à son valet de chambre :

« Il faut que vous ayez plus de soin une autre fois. » Je ne sais s'il s'est jamais montré plus digne frère de saint François de Sales et plus semblable à lui dans ce qui fait le caractère distinctif de ce grand saint, qui a été un si grand modèle de modération et de douceur chrétiennes.

Il l'imitait encore admirablement dans le soin de profiter de tout pour sa perfection. Son Altesse Royale ayant voulu faire l'honneur au président Favre, intime ami du comte, d'être le parrain de son fils aîné, ce prince fit aussi l'honneur au comte de le choisir pour tenir sa place, et pour représenter sa personne en cette cérémonie. Quand celui-ci eut rempli sa fonction, il dit, à son retour, à son épouse : « En vérité, je reviens extrêmement consolé d'une cérémonie dont l'intérieur était incomparablement plus beau que la pompe extérieure, quelque éclatante qu'elle fut. A l'occasion de l'honneur que j'avais de représenter le prince, j'étais occupé par la pensée qu'un chrétien doit faire son possible pour soutenir dignement son caractère tout le temps de sa vie, puisqu'il représente en sa personne non pas seulement un prince de la terre, mais le Fils du roi des rois, et de Dieu même, qui est Jésus-Christ. » Telle était la conduite du comte de Sales, homme véritablement spirituel, il faisait au-dehors les mêmes choses que ceux de sa condition, et cela de la manière la plus propre à s'en acquitter très-bien aux yeux du monde ; mais il les animait au-dedans de l'esprit des plus hautes maximes du christianisme, et de l'intention la plus propre à plaire aux yeux de Dieu.

CHAPITRE XI.

Le comte eut besoin des vues si épurées qu'il avait en toutes ses actions pour se soutenir dans une épreuve que la Providence lui envoya, et qui devait être très-sensible à un cœur aussi droit et aussi zélé pour son prince que le sien. On trouva moyen de rendre sa fidélité suspecte à Son Altesse Royale de Savoie, le duc Charles-Emmanuel, qui l'avait honoré des emplois de la plus grande confiance, et qui néanmoins se laissa surprendre par de faux rapports. On disait que le comte avait fait ouvrir des minières dans sa terre de Sales, pour colorer une retraite qu'il voulait donner, sous main, à ceux de Genève. Quelque peu de vraisemblance qu'eût ce discours, on l'écouta, tant il est peu de soupçons qui ne fassent impression quand ils regardent les intérêts de l'Etat. Louis apprit, par un de ses frères, Jean-François, évêque de Chalcédoine, qui était pour lors à la cour, que le prince était fort irrité contre lui. Ce prélat reçut du comte une réponse si naïve, si judicieuse et si chrétienne, que le prince de Piémont, l'ayant vue avec admiration, la mit bientôt après entre les mains de Son Altesse Royale, qui, par la simple lecture, fut entièrement désabusée ; sur quoi, remontant à la source maligne des injustes préventions qu'on lui avait données, il découvrit qu'elles partaient d'une vive jalousie contre le comte. Pour la confondre, Son Altesse Royale envoya au comte, en ce même temps, des lettres patentes pour ses minières, avec un ordre au président du sénat de les faire incessamment vérifier. Le prince ne se contenta pas de marquer ainsi à un sujet fidèle et injustement soupçonné qu'il lui rendait son estime et ses bonnes grâces, il voulut lui marquer encore qu'il lui rendait toute sa confiance, lui ordonnant d'aller se jeter avec des troupes dans Annecy, pour observer la marche des Espagnols, qui méditaient, par cet endroit, une irruption en France. La commission fut reçue par le comte avec autant de respect que de reconnaissance, et il l'exécuta avec autant de sagesse que de générosité. Il entra dans la place le 7 juin 1620, dans l'après-midi ; dès le lendemain, il fit travailler à la mettre en état de défense, et, comme les trésoriers de l'épargne faisaient difficulté de fournir l'argent, il fit les réparations à ses propres frais. Il paraissait juste et comme nécessaire d'avoir raison, auprès du souverain, de la conduite de ses officiers sur ce point ; mais il était encore plus généreux et plus chrétien d'excuser leurs fautes, et d'intercéder pour eux : ce fut le parti que prit le nouveau commandant.

Cependant les troupes espagnoles retranchées sur le bord du lac d'Annecy donnaient de l'ombrage aux villes circonvoisines. Il jugea à propos d'augmenter sa garnison pour leur interdire tout accès dans la ville, où elles voulaient entrer ; au lieu qu'il y avait ordre de les faire filer seulement par un des faubourgs. Malgré cet ordre, un des principaux officiers représenta avec chaleur au comte qu'il n'y avait nul inconvénient à laisser entrer les troupes, pourvu que la garde se fît bien, et que ce serait même un avantage aux habitants par l'argent qu'elles leurs laisseraient, en faisant des provisions ; mais le comte résista constamment à toutes les instances qu'on lui fit làdessus jusqu'à l'importunité, persuadé, comme il le dit alors, « qu'il ne fallait pas une soumission moins inviolable et moins aveugle dans l'obéissance militaire que dans l'obéissance chrétienne. » Une maxime si sage fut observée en cette occasion avec succès, et les Espagnols n'osèrent faire aucun mouvement contre les intentions du duc de Savoie.

L'année suivante, le comte fut occupé d'une autre manière pour le service de son prince, en faisant ouvrir une mine dans la vallée du Sillon. Afin d'attirer la bénédiction sur cette entreprise, il la commença en implorant publiquement le maître des éléments, par une messe solennelle qu'il fit célébrer à cette intention. Dès que les fourneaux furent disposés, le temps, qui était très-serein, se couvrit horriblement tout-à-coup, et il se fit dans l'air un mélange de grêle, de foudres et d'éclairs. Il arriva même quelque chose de plus surprenant : on crut voir deux animaux d'une grandeur extraordinaire s'élancer en l'air de la cime des deux montagnes minérales, et se précipiter dans la vallée ; ce qui fit fuir tout le monde, et jeta partout la consternation. Cependant, le comte s'étant mis en prières, on vit tout-à-coup l'orage cesser, et l'on fit tranquillement l'ouverture de la mine, qui se trouva être une mine de fer. Cette découverte aurait été très-utile si la guerre n'en eût arrêté le succès. Il est vrai qu'on pouvait hâter l'exécution de cette entreprise en donnant la conduite des travaux aux ingénieurs de Genève, qui la demandaient ; mais nulle raison ne put faire consentir le comte de Sales à introduire les hérétiques parmi les sujets de son prince.

Quelque soin qu'il prît d'écarter les occasions du mal, elles se présentaient quelquefois lorsqu'il s'y attendait le moins. Il se trouva encore inopinément appelé en duel par un officier des troupes de Lorraine, qui avait insulté un de ses parents. Il répondit à ce défi qu'il ne voyait pas pourquoi on lui faisait querelle ; que cela ne l'empêcherait pas d'aller le lendemain à Annecy, où il avait affaire, et que, si on l'attaquait sans raison, il se défendrait avec justice. Cette réponse simple et judicieuse fit rentrer en lui-même l'officier, qui lui envoya sur-le-champ faire des excuses de son imprudence.

Cependant ces inconvénients si à craindre pour le salut et plusieurs autres aussi dangereux, où la noblesse est continuellement exposée, lui firent entreprendre un excellent traité, sous le titre d'*Instruction pour la noblesse*. C'est une perte irréparable qu'on n'ait pas eu cet ouvrage du comte de Sales, si toutefois il n'est pas réparé par les exemples mêmes de sa vie, qui n'ont été qu'une leçon et qu'une pratique continuelle de la vertu.

XII

La cause qui empêcha l'ouvrage du comte d'être achevé, et qui en fit égarer les fragments, fut encore plus triste que son effet : ce fut la mort de saint François de Sales, arrivée à Lyon, en 1622. Cette mort mit le comte dans la plus grande douleur. La manière dont il l'apprit est assez extraordinaire, et peut même passer pour un miracle du saint, si elle est telle qu'on la trouve dans les mémoires de la maison de Sales. Le comte était à son château de la Tuille avec sa famille, quand, sur les dix heures, une sonnette pendue à une fenêtre de la tour du château vint à sonner d'elle-même, le 28 décembre 1622. On crut que c'était l'arrivée de quelqu'un qui frappait; un domestique eut ordre d'aller ouvrir aussitôt : il y alla ; mais il ne se trouva personne à la porte. La même chose arriva encore, et, dans le soupçon que quelqu'un, en cachette, tirait d'en bas la corde de la sonnette, on l'ôta. Cependant elle recommença à sonner et long-temps de suite ; alors tout le monde, saisi d'effroi, se mit en prières. Le comte, s'étant enfermé pour faire la sienne avec plus de recueillement et d'ardeur qu'à l'ordinaire, vit alors en esprit la mort de son bienheureux frère ; mais il la cacha à sa famille, pour ne point l'alarmer, ou pour ne ne point faire paraître qu'il en eût eu aucune révélation. Pourtant il ne crut pas devoir la cacher au sieur de Busat, son confesseur et son curé, homme d'une rare piété et d'une égale érudition, à qui il la raconta dès le lendemain. Trois jours après, il apprit, par les voies ordinaires, que le saint évêque était mort à Lyon. Alors, n'ayant plus aucune raison de faire violence à sa douleur, il s'y abandonna, mais en véritable chrétien, commençant par la répandre dans le sein de Dieu, et réitérant fréquemment des actes de soumission à ses ordres ; il prit ensuite le pain de vie, pour se consoler d'une mort qui lui était si sensible. Après avoir puisé à cette source de lumière et de force surnaturelle, il dit aux siens : « Ah! mes enfants, de quoi nous plaignons-nous? la miséricorde de notre Dieu est toujours jointe à sa justice. Il nous afflige par une grande perte, mais il nous fait faire un grand gain; car assurément le bon prélat est aujourd'hui bien puissant dans le ciel, et nous en ressentirons les effets. »

Encouragé de la sorte, son affliction ne lui fit rien oublier de ce qu'il devait à la mémoire de son saint frère, dans la cérémonie qui se fit pour transporter son corps de Lyon en Savoie, où il fut reçu avec des solennités qui ne sont point de notre sujet (1623). Le comte s'appliqua à consoler, par la vue du ciel, ceux qui pleuraient avec lui la mort du saint évêque de Genève; c'est ce qu'il fit particulièrement à l'égard des dames de la Visitation d'Annecy; il s'efforça surtout à dessécher les larmes de la vénérable mère de Chantal : elle ressentait plus vivement la perte, ou, pour mieux dire, l'éloignement de son cher père en Jésus-Christ, puisqu'il n'avait fait que changer le séjour d'un triste exil pour celui de la céleste patrie.

Il commençait même à revivre sur la terre par le bruit de ses vertus et par les miracles que Dieu opérait par son intercession. C'est ce qui augmenta les soins et les occupations du comte de Sales, chargé de faire inhumer le corps du saint prélat, gage si précieux à toute l'Église, et en particulier à sa famille.

4..

Mais, quelque salutaires que puissent être les occupations extérieures, un chrétien, après s'y être appliqué, a besoin de rentrer dans son intérieur. Le comte de Sales jugea aussi qu'une retraite lui était nécessaire, et, pour la faire, il choisit la maison et la direction des Pères jésuites de Chambéry : car il n'honora pas moins ces Pères de sa confiance et de son estime que le bienheureux François ; et ils ne pouvaient trop se réjouir d'avoir été si souvent les dépositaires des grands exemples et des précieux sentiments de l'un et de l'autre.

C'était une inclination commune au comte de Sales et à son saint frère, que la tendresse qu'ils montraient pour les ordres religieux, dans le temps même dont nous parlons (1624). Le comte lia une étroite amitié avec le Père Clément de Holo, général des Capucins, et en obtint des témoignages, dans des lettres de participation aux prières de l'ordre, pour lui et pour toute sa famille. Il ne cessait de s'applaudir de communiquer si intimement avec un si grand nombre de vrais serviteurs de Dieu, et il disait souvent qu'il estimait avoir mis par-là dans sa famille un grand trésor de bénédictions.

CHAPITRE XIII.

Le fond que le comte faisait sur les bonnes œuvres des autres auxquels il était associé, loin de le faire relâcher sur ses propres devoirs, le portait à s'en acquitter avec plus de ferveur ; il ne perdait pas la moindre occasion de faire le bien. Comme il avait le gouvernement du château d'Annecy, il ne voyait qu'avec peine que les bourgeois et les habitants du pays fussent obligés d'y faire la garde la nuit, sans qu'il y eût aucune nécessité. Sa charité le détermina à faire toutes les sollicitations et les négociations nécessaires en pareille circonstance, jusqu'à ce qu'il en fut venu à bout. Ses amis lui firent des reproches à ce sujet, d'avoir tant importuné la cour sur une chose où il n'avait nul intérêt ; mais lui, toujours en garde contre les artifices de l'amour-propre, qui anime uniquement les mondains, repartit « qu'il ne lui était pas possible d'avoir égard à son intérêt particulier, au préjudice du dernier des hommes; que, Dieu nous obligeant d'exercer la charité envers tout le monde, ceux qui en devaient le moins être exclus étaient de pauvres gens que la Providence lui avait fournis.» « Voudrions-nous les mépriser, ajoutait-il, parce que nous sommes un peu plus qu'eux aux yeux du monde, qui n'est qu'illusion, tandis que nous sommes peut-être beaucoup moins aux yeux de Dieu, qui est la vérité même? »

Il eut dans le temps d'autres devoirs de charité et de piété à remplir. La mort de son beau-père, le baron de Cussy, l'engagea à aller mêler ses larmes à celles de sa belle-mère et de son jeune beau-frère ; il prit lui-même et leur donna pour motif principal de consolation les vertus chrétiennes du baron. Afin d'en retracer davantage l'idée, il les exprima par un petit nombre de vers français, qui furent mis pour épitaphe sur le tombeau du défunt. Ensuite, pour donner à sa douleur une distraction conforme à sa piété, il vint à Lyon visiter le cœur de son bienheureux frère, qui y repose dans l'église du monastère de la Visitation de Bellecour. On peut juger quelle fut la pieuse et touchante réception que firent les religieuses de cette communauté au comte, qu'elles considéraient comme une copie vivante de leur saint fondateur. Voulant, de son côté, correspondre aux témoignages de leur affection, il eut avec elles, durant son séjour à Lyon, de fréquents entretiens spirituels, où elles ressentirent l'efficace et la douceur des discours de leur bienheureux père. Ce n'étaient pas elles seules qui retrouvaient le saint dans la personne du comte : toute la ville de Lyon le regardait avec les mêmes yeux; et, quand il allait dans les rues, on le montrait avec respect en disant : « Voilà le frère du bienheureux François de Sales. » D'ailleurs il reçut des visites et des marques extraordinaires de respect de tous les corps de cette grande ville, et en particulier des comtes de Saint-Jean. Quand il partit, il fut accompagné fort loin d'un si grand nombre de personnes de toutes conditions, à pied et à cheval, qu'il avait plutôt l'air d'un prince au milieu de sa cour que d'un simple particulier qui fait voyage : c'est qu'une vertu aussi charmante et aussi noble qu'était la sienne fait régner aussi puissamment sur les cœurs que l'autorité même souveraine.

On en eut une nouvelle preuve (1625) après son retour en Savoie. Jean-François, frère, comme lui, du bienheureux François de Sales, et son successeur en l'évêché de Genève, ayant voulu faire la visite de

son église, y trouva des obstacles de la part du cha
pitre, qui prétendait que sa juridiction à Annec
n'était que déléguée. Cette contestation avait ému le
esprits et partagé toute la ville, sans que le préla
pût trouver aucun secours pour défendre l'intérêt d
sa dignité, et conserver la paix de son église ; mai
il n'avait pas eu encore recours à son frère le comte
Dès que celui-ci fut entré dans l'affaire ; il gagna s
bien l'esprit du prévôt, vicaire-général d'Annecy
son parent, qu'il le détermina à un accommodement
Le mérite d'une négociation si importante et si pieus
ne fut pas sans récompense. Le prévôt mourut très
chrétiennement peu de temps après, et se trouva, dan
ses derniers moments, extrêmement consolé des ver
tueuses démarches que le comte de Sales l'avait en
gagé de faire en faveur de la paix.

Le secret qu'il avait pour procurer la réunion de
cœurs faisait dire communément en Savoie que,
pour rendre les plus grands ennemis parfaits amis,
il ne fallait que les envoyer à M. de Sales : c'étai
là son talent particulier et son inclination pré
dominante ; aussi disait-il à son fils aîné, Charles-
Auguste, dont il prenait soin, vers ce temps-là, de
former l'esprit et les mœurs : « Ce que je veux particulièrement vous inspirer, mon fils, c'est l'amour
de la paix et l'envie de la faire régner partout. »
Pour lui, il la faisait revivre en des conjonctures où
l'on aurait dû l'espérer le moins.

Le premier syndic de la ville de la Roche et un

des plus considérables citoyens étant fort brouillés, les habitants avaient pris parti de côté ou d'autre avec tant de chaleur qu'ils étaient armés les uns contre les autres, et l'on était sur le point d'en venir aux mains, quand les deux partis proposèrent heureusement de s'en remettre entièrement à l'arbitrage du comte de Sales. Dès qu'il eut parlé, tout le monde se trouva satisfait et rentra dans le calme. D'autres fois il fallait qu'il se servît de moyens plus forts pour remettre la tranquillité dans les esprits irrités ; mais quand sa douceur n'y suffisait pas, sa valeur y suppléait.

En 1627, il s'éleva une querelle, dans la ville d'Annecy, entre les soldats liégeois et les soldats valons, dont la garnison était composée. Les habitants, craignant, dans ce démêlé, quelque stratagême et quelque surprise, coururent eux-mêmes aux armes, et la confusion fut si grande que ni le capitaine de la milice ni les magistrats ne la pouvaient dissiper. Il fallut aller à la ressource universelle du pays, qui était le comte de Sales ; et on l'envoya prier de venir incessamment. Dès qu'il parut, le peuple, en foule, se mit à crier : « Monsieur, vous êtes notre père, sauvez vos enfants! » En même temps on lui remit le gouvernement de la ville, qu'il se crut obligé d'accepter dans ces conjonctures. Il commence, d'un air tranquille, mais avec un cœur plein de religion et de ferveur, à se mettre en prières ; ensuite il ordonne qu'au moment même les femmes et les enfants aient à se retirer dans leurs maisons ; et en moins d'un quart d'heure il fut si exactement obéi qu'il n'en parut plus aucun dans les rues ; puis, se mettant à la tête des habitants bien armés, il marcha contre les Liégeois, retranchés depuis la porte de Notre-Dame jusqu'aux ponts, dont toutes les chaînes étaient étendues. Enfin il attaqua le pont avec tant de résolution et de fierté qu'un capitaine liégois, chef des mutins, se trouva tout-à-coup saisi de frayeur, comme s'il eût vu le Dieu des armées qui eût levé le bras sur lui. En effet, faisant faire halte aux siens, il s'avance avec respect vers le comte, entre en conférence avec lui, et s'offre d'en passer par où il jugerait à propos. M. de Sales prescrivit aux Liégeois aux Valons de se retirer dans leurs logis, et ce qui s'exécuta avec une promptitude admirable, malgré la vivacité de l'émotion précédente. Tout le tumulte étant apaisé, il en prit occasion de donner à chacun les avis salutaires qui lui convenaient ; il fit lui-même la ronde toute la nuit. Son Altesse Royale, ayant appris une conduite si sage et si belle, lui en écrivit une lettre pleine des éloges et des remerciments qu'il avait si bien mérités.

CHAPITRE XIV.

- Durant cette suite continuelle d'exercices pleins de valeur et de religion, Louis s'était attaché constamment à faire rebâtir le château de Torenc, qui avait été brûlé par la malice des ennemis de sa maison. Beaucoup de gens le dissuadaient de cette entreprise, qui devait lui être d'une grande dépense ; mais il avait d'autres vues que celles qu'il paraissait avoir. Il ne pensait pas simplement, comme on le croyait, à contenter l'inclination assez ordinaire aux personnes de qualité, de s'occuper à bâtir; il avait pris cette résolution, afin que, ceux de sa famille ayant la commodité de se loger au château de Torenc, leur piété les portât, dans la suite, à céder aux filles de la Visitation le château de Sales, où le saint prélat avait pris naissance, avait été sacré évêque, et avait formé le plan de l'ordre de la Visitation ; de manière que, ces deux maisons n'étant guère éloignées que de cent pas, la famille de saint François de Sales fût plus unie avec les filles de son saint institut, par la proximité de leur demeure. Cependant le nom de Sales, par lettres patentes du prince, fut attaché au château de Torenc, où le comte donna, dans ce même temps, une autre marque signalée de sa piété.

Le curé de la paroisse était obligé d'y venir, les fêtes solennelles, célébrer les saints mystères dans la chapelle. Quelque distingué que fût ce privilége, le comte y renonça par le respect qu'il portait aux églises paroissiales, dans lesquelles il convient que se fasse le service divin, pour l'édification et la consolation des peuples.

Ce zèle qu'il avait pour l'honneur de l'Eglise lui avait toujours donné une haute idée de ceux qui en sont les ministres. Ainsi, voyant que son fils aîné, Charles-Auguste, se destinait à l'état ecclésiastique, il n'oublia rien pour l'y bien disposer. D'abord il prit soin de le faire long-temps délibérer sur sa vocation, et avec Dieu, et avec des personnes distinguées par leurs prières et par leur mérite ; ensuite il lui réitéra d'utiles instructions sur ce choix, et le porta à faire une retraite, où il se mit dans toutes les dispositions nécessaires pour entrer dignement dans un état si saint. Après que ce père véritablement chrétien eut fait de la sorte à Dieu un sacrifice de son fils, il se garda bien d'en perdre le mérite en travaillant à lui faire avancer sa fortune dans l'Eglise. «Il ne faut entrer, écrivit-il sur cela à la mère de Chantal, dans les dignités et les postes ecclésiastiques, que par la voie seule du mérite, joint à la piété ; c'est à mon fils de former en lui ce caractère avec le secours de la grâce. « C'est aussi de cette manière que le digne fils d'un tel père, se conduisant par ces vues, fut bientôt nommé, sans nulle sollicitation, à un canonicat de la cathédrale de Genève, et ensuite aux charges d'official, de grand-vicaire et de prévôt. Dans toutes ces fonctions, il remplit excellemment l'étendue de sa vocation, et seconda très-parfaitement les désirs de son père.

Celui-ci, cherchant toujours à nourrir en lui-même l'esprit de Dieu, était venu passer à Annecy le carême de l'an 1629, pour profiter des sermons, et encore plus des entretiens familiers du Père Bertrand, jésuite, prédicateur fameux en ce pays-là, et d'une grande piété. Le comte, qui sentit, par ce moyen, ranimer le feu de son zèle pour le Seigneur, fut vivement touché de voir les débauches du carnaval poussées jusque bien avant dans le carême. Il fit différentes démarches pour arrêter une licence si honteuse au christianisme; mais il les fit inutilement. Un jour qu'il venait de prier sur le tombeau de son saint frère (ce qu'il faisait presque tous les jours), une troupe de masques se présenta devant lui. Il en fut si indigné qu'emporté par son zèle, il dit hautement que la ville serait infailliblement punie, de profiter si mal du temps sacré destiné par l'Eglise à la pénitence, et des leçons d'un homme apostolique qui la prêchait. On ne sait s'il était inspiré en parlant de la sorte, mais sa prédiction ne se vérifia que trop à la lettre; car, vers le temps de Pâques, la ville fut affligée d'une furieuse peste qui ravagea le pays, et qui, punissant les desordres passés, fournit un nouvel exercice aux vertus du comte de Sales.

En effet, il se priva de son château de Torenc pour le laisser au chapitre, qui y vint faire sa résidence et chanter l'office canonial. D'ailleurs son vertueux frère, l'évêque de Genève, Jean-François, refusa, comme un véritable pasteur, d'abandonner son troupeau affligé et de sortir d'Annecy. Le comte lui procura toutes sortes de secours, venant le voir très-souvent, afin de trouver ensemble les meilleurs moyens de soulager les besoins publics. Le ciel bénit visiblement une charité si grande; car, bien qu'il se trouvât partout où la contagion se répandait, elle n'attaqua cependant jamais ni sa personne ni le château de Sales, où il résidait, et qui en était comme investi, ni même aucune de ses terres : c'est ce qui fit dire publiquement que Dieu avait environné les maisons de Sales du mur de sa divine protection, comme il avait fait autrefois celles du saint homme Job.

Le fléau de la peste ne sembla s'apaiser que pour faire place à celui de la guerre. Au mois de mars de l'année 1630, le roi de France, Louis XIII, voulant se rendre maître de la Savoie, pour des raisons que l'on sait, envoya sommer Louis de Sales de lui rendre le château d'Annecy, dont il était gouverneur. On employa pour cela M. des Hayes, qui était le plus propre à gagner son esprit, étant fils de M. Antoine des Hayes, maître d'hôtel chez le roi, ami intime du bienheureux François de Sales. Aussi M. des Hayes, avant de partir pour sa commission, témoigna-t-il qu'il ne se flattait point d'y réussir ; que depuis longtemps il connaissait le caractère de la maison de Sales, et en particulier celui du comte: cependant il employa toute l'adresse possible, afin de persuader à celui auprès duquel on l'envoyait que la sommation n'avait rien que de raisonnable, et qu'il devait s'y rendre par toutes sortes de motifs. Le comte lui répondit que la fidélité qu'il devait à son prince était une raison qui faisait disparaître toutes les autres ; qu'à cela près, il se sentait toute l'ardeur imaginable de seconder les intentions d'un grand monarque, pour lequel il avait une profonde vénération. Le lendemain, le maréchal de Châtillon, qui conduisait l'avant-garde des troupes du roi, ayant fait un traité avec la ville, se mit en état de faire filer ses gens vers le pont ;

mais le comte l'en empêcha par une vigoureuse décharge de canon, et le maréchal, s'étant retiré pour marcher du côté de la colline, à couvert du château, eut encore à essuyer une autre décharge de mousquets et de grenades, jusqu'à ce qu'il fut dans la ville, où il entra à la faveur de la nuit. Alors on recommença, du château, à faire, de ce côté-là même, un plus grand feu qu'auparavant, et on l'aurait continué si le maréchal, qui voyait que le gouverneur pouvait battre en ruine toutes les maisons de la ville, ne lui eût envoyé demander une trève. Le comte, ayant assemblé son conseil de guerre, consentit, sous de bonnes conditions, à une suspension d'armes, jusqu'au lendemain à cinq heures du soir.

Cependant il reçut de Son Altesse Royale un ordre de rendre la place avec une capitulation honorable, en cas que le roi ne vînt en personne l'assiéger. La lettre ne fut rendue qu'un quart d'heure avant l'expiration de la trève, au temps même que le maréchal réitérait la sommation. Le comte usa de ce petit intervalle pour dresser lui-même les articles de la capitulation, qui furent tous acceptés; et ce ne fut pas une petite distinction, qu'en présence d'une armée royale, et qui avait à sa tête un des plus grand rois du monde, il obtînt de sortir avec les siens, tambour battant, mèche allumée, balle en bouche, enseignes déployées, bagage sur les épaules, pour conduire la garnison jusqu'au camp de Conflans. D'ailleurs il s'y prit de la meilleure grâce du monde, pour marquer son profond respect envers Sa Majesté, et son estime particulière pour le maréchal. Il dit, pour faire compliment à celui-ci, qu'il était fâché de n'avoir pas à soutenir les efforts d'un si grand capitaine dans Nice ou dans Montmélian, où l'obéissance qu'il devait à son prince ne l'obligerait pas de se rendre. Du reste, ce guerrier, aussi expérimenté dans la milice de Jésus-Christ que dans la milice du siècle, remercia Dieu de ne s'être pas trouvé en état de faire une résistance plus éclatante, parce qu'une action de quelques jours, trop brillante aux yeux des hommes, détruit souvent ce qu'on peut acquérir d'humilité pendant plusieurs années aux yeux de Dieu ; mais, tandis qu'il croyait n'avoir pas eu des succès fort considérables, toute l'armée de France publiait qu'il les méritait par sa conduite et par sa valeur, et qu'il ne lui manquait, pour être grand capitaine, que de grandes occasions. Du reste, aussitôt que les affaires avec la France furent accommodées, Son Altesse de Savoie lui remit le gouvernement de la ville et du château d'Annecy, où il avait si bien soutenu la gloire et les intérêts de son maître.

CHAPITRE XV.

La paix lui donna le loisir de se rendre lui-même aux occupations qu'il chérissait le plus, savoir, celles de la littérature et de la piété. Cette année-là même, il travailla avec l'archevêque de Tarentaise, son parent, Benoît-Théophile de Chiran, à la traduction de l'histoire de Notre-Dame du Charme en Morienne. Le prélat, voulant publier cette traduction, écrivit au comte pour le remercier de ce qu'il avait bien voulu revoir et polir leur commun ouvrage. Louis de

Sales, par la tendre piété qu'il avait pour la mère de Dieu depuis les premières années de sa vie, avait un goût tout particulier pour ce travail.

Il ne se porta pas avec moins d'ardeur à exercer son talent extraordinaire pour les réconciliations, et l'on peut dire qu'il y réussit, l'année 1632, d'une manière, en quelque sorte, miraculeuse. Comme il avait été choisi arbitre entre son neveu Jacques de Sales du Wad et le baron d'Aranthon, qui avaient jusqu'alors plaidé avec acharnement, du Wad prit ombrage de son oncle sans nul fondement, et témoigna qu'il n'avait point de confiance en lui. Le comte, loin de s'en offenser, ou d'abandonner l'affaire par une juste indignation, ne pensa qu'à y intéresser davantage le ciel par de plus ferventes prières, afin d'obtenir ce que ses soins n'avaient pu jusqu'alors. C'est pourquoi, se trouvant avec les parties, qui disputaient plus violemment que jamais auprès d'une église, il dit à leur avocat, qui était présent : « Le démon de discorde règne trop visiblement dans tout ceci pour espérer de le chasser sans une assistance particulière du Dieu de la paix, souverain maître des cœurs. » Aussitôt, entrant dans l'église, il se mit à faire une prière si vive que, même à l'extérieur, elle parut à ceux qui l'observèrent une sorte de ravissement ; ensuite, revenant aux parties, qui disputaient encore avec autant d'ardeur qu'il avait prié, il dit doucement à du Wad : « Hé bien ! mon cher neveu, vous ne voulez pas vous fier à moi, ni écouter mes raisons ; je supplie l'auteur des lumières de vous éclairer lui-même. » Chose étonnante ! à l'instant même, et sans d'autres discours, du Wad se jette à ses genoux, lui demande pardon, et lui proteste qu'il en passera aveuglément par tout ce qu'il voudra bien régler. L'accommodement se termina ainsi, non seulement avec l'entière satisfaction des parties, mais encore avec l'admiration des nobles personnes qui étaient présentes, tous unanimement disant qu'un quart d'heure d'oraison du comte de Sales terminait plus heureusement une affaire importante que cent ans de procédure dans le sénat. Cette occasion renouvela avec éclat la réputation d'habileté qu'il avait depuis long-temps pour accommoder les dissensions les plus invétérées. Aussi tout le monde recourait-il à sa médiation, et Leurs Altesses Royales lui renvoyaient toutes celles qui survenaient entre les personnes de qualité de Savoie.

Ce renouvellement d'estime pour M. de Sales détermina Son Altesse Royale, cette même année, à lui en donner des preuves, en lui envoyant des lettres patentes pour attacher à la terre de Sales, avec le titre de comté, toute l'étendue des prérogatives de cette qualité, et cela dans la forme la plus honorable, car on y marquait, en particulier, « que c'était en considération des services importants rendus à l'Etat et à la couronne par les seigneurs de Sales, et spécialement par son bon serviteur Louis de Sales. » Cette grâce fut portée encore plus loin : comme la chambre des comptes de Savoie exigeait, selon les ordonnances, un droit fort considérable pour l'enregistrement, elle reçut ordre d'enregistrer les lettres *gratis*, le prince voulant distinguer en tout le mérite du comte, auquel il accorda encore d'autres grâces vers le même temps (1632).

Il était assez naturel qu'une si grande faveur de la cour, entretenue particulièrement par le commerce de lettres qu'avait le prince Thomas avec le comte de Sales attirât à celui-ci quelques traits d'une jalousie et d'une envie malignes. Dieu le permit alors pour éprouver davantage la vertu du comte, et pour lui donner plus de lustre aux yeux des hommes. Madame la duchesse de Nemours, Anne de Lorraine, faisant, en 1634, un voyage à Annecy, afin de régler les affaires de son fils, comte de Genevois, un officier de sa maison, sous la couleur d'un grand zèle pour ses intérêts, lui rapporta que le comte de Sales s'était emparé de différents droits de son apanage; ce qu'il était prêt à justifier par des preuves manifestes. Le comte étant appelé par la duchesse, et lui ayant assuré qu'il n'était rien de ce qu'on avançait, le jour fut pris pour éclaircir la chose en justice, et ce jour-là même le délateur disparut. La duchesse, irritée de cette conjoncture, demanda aux présidents qu'ils eussent à dire ce qu'ils savaient de cette affaire. Un d'eux parla avec quelque chaleur contre les soupçons mal fondés qu'on avait de la maison de Sales ; sur quoi le comte, demandant permission à la princesse de l'interrompre, dit au magistrat : « Monsieur, je vous suis extrêmement obligé du zèle avec lequel vous parlez en ma faveur ; mais il me semble que la vérité dite avec tranquillité est plus propre à persuader ; si Son Altesse agrée que je produise simplement mes titres, elle aura bientôt la bonté de juger de moi aussi favorablement que vous. » Il n'en fallut pas davantage pour désabuser madame de Nemours, et elle lui dit avec autant d'agrément que d'équité : « M. de Sales, on voit bien que vous êtes aussi habile à la plume qu'à l'épée ; je suis très-satisfaite de votre conduite ; je vous demande la paix et votre amitié, et, pour ces deux choses, je vous cède tout ce que vous pourriez avoir dans l'apanage qui appartiendrait au prince mon fils ou à moi. »

Une affaire très-desagréable qu'eut son frère Jean-François, qui avait succédé à saint François de Sales dans l'évêché de Genève, ne donna pas peu de peine au comte, et elle ne fut pas terminée moins heureusement par ses soins ; mais la mort de ce même prélat, qui arriva peu de temps après, en 1635, lui causa une affliction particulière : car, outre qu'il avait le cœur très-sensible pour les siens, les témoignages de tendresse et de reconnaissance que l'évêque lui donna dans sa dernière maladie augmentèrent encore la sensibilité de sa douleur. En effet, il l'institua son héritier, lui confia la disposition de toutes ses affaires, et le chargea surtout d'aller, incontinent après sa mort, à la cour de Turin, assurer toute la maison royale de Savoie du souvenir qu'il aurait d'elle devant Dieu. Ces témoignages d'une amitié parfaite que le prélat donna au comte inspirèrent à celui-ci un retour ou plutôt un redoublement de tendresse réciproque, mais d'une tendresse toute chrétienne et toute sainte : car, ayant employé inutilement tous les moyens de lui prolonger la vie, il en employa de plus efficaces pour lui aider à la finir heureusement par la mort la plus précieuse devant Dieu. On ne peut dire, ainsi que l'écrivit alors le marquis de Lucien à la mère de Chantal, ce qui touchait et édifiait davantage les assistants, ou les saintes dispositions du malade, qui regardait la mort comme un doux sommeil, ou les pieux discours du comte de Sales, qui semblait mourir avec son frère dans le Seigneur. « Plût à Dieu, Madame, ajoutait ce seigneur, que j'eusse le comte pour m'assister au lit de la mort, comme l'a eu le dernier évêque de Genève son frère ! je me tiendrais fort assuré de mon salut. Je lui ai trouvé une si grande onction à inspirer à un moribond les sentiments les plus héroïques du christianisme que, pour n'en être pas touché, il faudrait n'être plus susceptible des premiers sentiments de religion. »

L'opinion du marquis de Lucien sur ce point paraîtra une vérité incontestable quand nous raconterons les précieuses dispositions où mourut lui-même le comte de Sales. On ne peut rien imaginer de plus parfait pour mourir saintement, ou pour aider à le faire, que ce qu'il pratiqua durant le cours d'une longue maladie, qui termina la vie si chrétienne qu'il avait toujours menée, et dont nous allons exposer la suite dans le second livre de cette histoire.

LIVRE SECOND.

CHAPITRE 1.

Quelque fermeté qu'inspire dans les afflictions une entière résignation à la volonté de Dieu, c'est toujours aux dépens des sentiments naturels, qui, pour être modérés par la religion, ne laissent pas quelquefois de subsister encore avec vivacité dans le cœur. Tel est l'effet de la providence de Dieu sur ses élus, de leur laisser de la sensibilité, pour leur donner occasion de lui en faire un plus grand sacrifice, et pour les détacher du monde, en leur y faisant trouver plus d'amertume. Le comte de Sales, après la mort de son frère Jean-François, évêque de Genève, se trouva livré tout-à-coup à une désolation étrange, et comme abandonné de tout sur la terre. En effet, il se voyait privé de ce qu'il avait eu au monde de plus cher.

Il ne lui restait de ses frères qu'un chevalier de Malte, exposé chaque jour à perdre la vie ; son fils aîné, qui était d'un caractère à faire toute sa consolation, s'était, depuis un temps, séparé entièrement du monde pour vivre dans une profonde solitude : « C'est présentement, Seigneur, dit Louis à Dieu dans ces conjonctures, c'est présentement que vous me devez être tout, puisqu'il vous plaît de m'ôter tout. » Cet épanchement de son cœur dans le sein de Dieu dissipa les nuages qu'un mouvement naturel de tristesse avait répandus dans son âme.

Ranimé ainsi par le courage que ne manquent point d'inspirer les maximes chrétiennes bien méditées, il alla aussitôt à Turin pour exécuter ce que le feu prélat lui avait si instamment recommandé. Il y fut reçu avec des marques extraordinaires de bienveillance ; on lui fit entendre qu'on voulait l'y retenir, pour lui donner une place dans le conseil. Le bruit s'en répandit, et il n'en fallut pas davantage, selon la méthode de la cour, pour lui attirer une infinité de visites et de compliments. Quoiqu'il les reçût avec sa politesse ordinaire, il en conçut un nouveau dégoût pour les embarras du monde, craignant qu'ils n'altérassent en lui ce repos de l'âme si précieux à ceux qui ont une fois goûté Dieu. Ainsi, prenant la résolution de se retirer plus que jamais du commerce des hommes, il fit au prince ses très-humbles remercîments pour l'honneur qu'on pensait à lui procurer, et en même temps ses excuses de ne pouvoir l'accepter. Il apporta pour raison que son âge avancé le rendait peu capable des mouvements de la cour, et l'avertissait de consacrer plus particulièrement au service de Dieu ce qui pouvait lui rester de vie; d'ailleurs qu'il avait inspiré à ses fils le dévouement que sa maison avait toujours eu pour Son Altesse, et que, si elle agréait leurs services, il la suppliait de daigner leur donner de l'emploi. Le prince eut la bonté d'entrer dans les vues du comte, garda auprès de sa personne ses deux fils Janus et Amédée, et lui accorda la permission de se retirer ; ce ne fut néanmoins qu'après lui avoir donné une nouvelle marque d'estime, en le faisant gentilhomme de sa chambre. Le comte, loin de se prévaloir de cet honneur, vint l'ensevelir dans la solitude, où était retiré son fils aîné, avec lequel il ralluma de plus en plus le désir d'être tout à Dieu, et de se détacher entièrement des choses créées.

Il eut besoin de cette disposition dans un accident qui arriva en 1637 : le tonnerre tomba sur la tour du château de Sales, dans laquelle étaient les archives et tous les titres de sa maison, dont on ne put sauver qu'une très-petite partie Le seul mouvement que causa au comte une disgrâce si touchante fut de parler à sa famille de la fragilité des choses de la vie, et de l'immutabilité de la grandeur de Dieu, sur qui seul on pouvait compter.

Pour lui, il y comptait si parfaitement que sa confiance mérita alors une grâce qui parut fort extraordinaire. Comme il passait par Annecy, une petite fille tomba du haut d'une maison la tête sur le pavé; on la crut morte; cependant le charitable Louis de Sales lui cria à plusieurs reprises : « Jésus, soyez notre secours; » après quoi il la prit par la main, et la rendit dans une pleine santé à ses parents. Le bruit se répandit aussitôt qu'il y avait en cela quelque chose de surnaturel, et se confirma encore par le recueillement singulier qu'on remarqua tout ce jour dans la personne de Louis. On ne lui en parlait point qu'il ne lui montât sur le visage une rougeur, qu'on jugeait être l'effet de son humilité. Son fils Charles-Auguste l'ayant mis un jour sur le même sujet, il ne put en tirer d'autre réponse que ces paroles de l'Ecriture : « Quand le juste tombera, il ne se blessera point, parce que le Seigneur le soutient de sa main. » Divers événements semblables, joints aux exercices ordinaires de sa piété, lui attirèrent une nouvelle réputation de sainteté, et on l'appelait communément le saint comte Louis.

Comme il avait chez lui son fils Charles-Auguste, afin de pouvoir en tout temps et à cœur ouvert parler avec lui des choses de Dieu, il se faisait un point de conscience de profiter, pour son propre avancement spirituel, de la présence de ce cher fils, n'ayant pu le résoudre que par ce motif à quitter sa solitude. Tous les huit jours il se confessait à lui et communiait de sa main ; il l'entretenait souvent et prenait ses avis sur tout ce qui regardait l'état de son âme, et cela avec une consolation intérieure qui ne peut s'exprimer. Mais, comme il craignait pourtan de préférer sa propre satisfaction à l'attrait du Saint-Esprit, qui rappelait sans cesse Charles-Auguste à la solitude, il consentit enfin à le laisser partir. Afin de se dédommager d'ailleurs des secours qu'il aurait tirés, pour sa sanctification, de la compagnie de celui qui était son fils selon la chair et son père en notre Seigneur, il fit à Dieu le sacrifice de cette séparation, qui lui fut très-sensible, et prit la résolution de se séparer ainsi de toutes les autres choses de la vie, même les plus légitimes.

C'est dans cette vue qu'à l'exemple du Sauveur, qui ne posséda rien en ce monde, il voulut se dépouiller de ses biens entre les mains de l'aîné de ses enfants du second lit, savoir : Jean-François de Sales, sans se réserver la moindre chose, même pour faire l'aumône. « Il est temps, à ma soixante-quatrième année, dit-il alors, qu'en attendant la mort naturelle, je subisse une mort volontaire, et que je quitte tous les soins du monde. » Sur ce qu'on lui représentait que c'était une étrange chose à un père de se mettre dans une dépendance si absolue de ses enfants, qui pourraient n'avoir pas toujours une conduite aussi régulière que la sienne : « La sagesse incarnée, répondit-il, s'est bien mise dans la dépendance de ses créatures, en la personne de Marie et de Joseph, à qui elle s'est entièrement soumise. Un entier renoncement, ajoutait-il, supplée à bien des inconvénients, ou même se tourne en de vrais avantages. »

CHAPITRE II.

Le parfait détachement du comte était d'autant plus estimable qu'il ne partait nullement d'une sorte de nonchalance assez ordinaire aux personnes avancées en âge, et l'on vit, l'année suivante (1640) qu'on ne peut guère être naturellement plus actif et plus sensible qu'il ne l'était encore. Dans la cérémonie funèbre du prince Louis de Savoie, duc de Genevois et de Nemours, on voulut régler le rang qu'y devaient tenir les personnes de la première noblesse du pays, et on disputa au comte l'ancienneté de la sienne. Il soutint cette affaire, et la plaida lui-même avec chaleur, jusqu'à ce qu'il eut obtenu un arrêt entièrement conforme à ses prétentions : « Car enfin, dit-il sur cette affaire, il ne s'agit pas précisément ici de nos intérêts particuliers, mais de l'honneur de nos souverains, qui ont fait dans leurs lettres patentes, données en notre faveur, une mention si expresse de l'ancienneté de notre maison, alliée depuis près de cinq cents ans aux premières maisons du pays. Nos princes n'auraient-ils pas sujet de nous tenir indignes de leurs faveurs si nous paraissions indifférents quand nous pouvons montrer que nous avons l'honneur de leur appartenir? D'ailleurs, si la noblesse de nos ancêtres nous est laissée pour héritage, et comme un gage de leurs vertus, ne serions-nous pas injustes et ingrats en négligeant de conserver un si précieux dépôt, quoi qu'il nous en doive coûter ? »

Cependant, comme il est difficile d'agir si vivement en des choses de cette nature sans en être altéré, la mère de Chantal lui demanda, avec cette ancienne et naïve liberté avec laquelle elle lui parlait, si son intérieur n'avait point ressenti quelques troubles dans tout l'embarras de ce procès ; à quoi le comte répondit avec une égale sincérité ; « Plus de soin que de trouble, ma chère mère ; car, poursuivit-il, tous les matins et plusieurs fois durant le jour, mon âme a fait attention aux devoirs de Louis de Sales, devenu enfant de Dieu par le baptême, et aux mouvements du comte de Sales, qui défendait avec justice l'intérêt de ses prédécesseurs et de ses successeurs. L'Évangile, ajouta-t-il, rapporte la généalogie temporelle du Fils de Dieu, aussi bien que sa généalogie éternelle ; ce qui m'a mis devant les yeux deux sortes de noblesse que j'avais à soutenir : l'une temporelle, qui est infiniment moins considérable, mais qu'il ne faut pourtant pas abandonner à l'injustice des malintentionnés ; l'autre éternelle, que nous avons à conserver beaucoup plus essentiellement contre la rage des démons, qui s'efforcent à tous moments de nous en faire déchoir. Aussi, ma chère mère, aimerais-je mille fois mieux voir ensevelir dans un oubli éternel tous les titres de ma maison, et être mis au rang du dernier de mes vassaux, que de commettre un péché véniel qui me fît déroger en la moindre chose à la qualité de chrétien, incomparablement plus essentielle et plus glorieuse que toute autre. »

Il ne jouit pas long-temps de la consolation qu'il trouvait à ouvrir de la sorte son cœur à cette vertueuse dame, avec qui il avait eu toujours de si saintes et de si douces communications. Cette amie intime, fille aînée en notre Seigneur du bienheureux François de Sales, et la digne coadjutrice en l'institut de la Visitation, mourut à Moulins l'année suivante 1641. Tandis qu'une si grande perte causait une douleur universelle, celle du comte, qui devait être naturellement la plus vive, parut tempérée par une joie qu'on ne comprenait point, mais qui faisait sentir aux autres ce qu'il ressentait lui-même de la félicité de la mère de Chantal. Quelque réserve qu'il gardât sur ce point, il laissa échapper certaines paroles qui firent juger qu'il avait reçu des grâces extraordinaires par le moyen de cette bienheureuse mère. Elles lui servirent à s'unir beaucoup plus intimement à Dieu, ne se permettant guère d'occupations extérieures que celles de terminer les différends de ses vassaux, de les catéchiser, et de les porter aux choses de leur salut. Il passa de la sorte toute cette année, et ne sortit de son château que pour aller assister à la mort de M. de Cornillon, son beau-frère, office de charité aussi salutaire à celui auquel on le rend qu'à celui qui s'en acquitte.

Plein de tant d'œuvres saintes, il ne cherchait que la retraite, afin de les mettre en sûreté contre la dissipation et l'air contagieux du monde ; mais plus il se cachait, et plus le bruit de sa piété lui attirait de gens, qui venaient chercher à s'édifier avec lui. Ainsi Son Altesse Royale Gaston de France, duc d'Orléans, frère du roi Louis XIII, étant en Savoie, voulut rendre visite à Louis, et ne voulut faire que celle-là. Après lui avoir donné toutes les marques imaginables de bonté et de distinction, il lui fit encore l'honneur de dîner chez lui ; puis, au sortir du repas, s'enfermant avec lui : « Parlons de Dieu à cœur ouvert, lui dit alors ce grand prince, je vons en conjure, M. le comte, car j'ai plus de confiance en vous que je n'aurais au plus saint religieux; parce que vous avez plus d'expérience de la manière dont il faut faire son salut au milieu des troubles du monde. » On n'a pas su un plus grand détail de cet entretien; mais Son Altesse Royale en parut extraordinairement contente, aussi-bien que des manières aisées et polies avec lesquelles le comte toute la journée fit les honneurs de sa maison; car il ne manqua à rien de tout ce qu'il crut devoir contribuer à divertir le prince, et à lui faire sa cour, mais toujours dans les bornes de la prudence et de la simplicité chrétiennes.

Une autre conjoncture obligea encore le comte à interrompre sa retraite : il s'agissait de faire un accommodement entre plusieurs personnes de qualité, qui paraissaient déterminées à vider leur différend par un combat particulier. Bien que ce fût là un exercice de charité important, le comte ne sy portait qu'avec une sorte de difficulté, par une raison assez singulière, qu'il dit à la mère de Blonay, une des plus illustres et des premières supérieures de la Visitation. Comme il recommandait vivement la chose à ses prières, et qu'elle lui eut répondu : « Les vôtres n'y seront pas moins efficaces : — Ah ! reprit-il les larmes aux yeux, je connais trop visiblement que Dieu ne m'accorde point pour assoupir les querelles des duellistes, la grâce qu'il me fait ordinairement pour accommoder les autres sortes de démêlés dans lesquels on m'oblige de m'entremettre. Je n'y puis penser, dit-il, qu'avec humiliation et avec crainte, parce que, emporté par la vraisemblance de certaines maximes, et d'un point d'honneur qui me paraissait excusable, j'ai été autrefois assez malheureux pour ne pas refuser assez hautement un de ces défis funestes, et Dieu m'en punit encore. » Comme il tenait à peu près le même discours à un homme de qualité, celui-ci demanda : « Mais que feriez vous donc si l'on vous appelait aujourd'hui en duel, et si l'on voulait vous y forcer par les lois de l'honneur, qui doivent être inviolables à un gentilhomme ? — Celles de la conscience, répondit-il, doivent être plus inviolables encore à un chrétien, et je refuserais nettement le défi ; d'ailleurs, si cela faisait douter de mon courage, je presserais mon ennemi de venir avec moi se jeter aux pieds du prince, lui déclarer nos différends, et le supplier de nous exposer à la guerre dans les postes où le danger serait le plus évident, et où l'on verrait qui des deux adversaires ferait mieux le devoir de brave homme. Que si l'on regardait ma réponse comme une défaite et avec mépris, il faudrait s'en consoler, et ne pas mettre en balance les folles idées de la vanité avec les jugements de Dieu, devant lequel elle se trouvera un jour si confondue. »

Il était si confus lui-même de celle qu'il avait eue

sur ce point qu'à cette occasion il dit à la mère de Blonay que c'était une nécessité pour lui de passer le reste de ses jours dans la pénitence, et d'opérer son salut avec crainte et avec tremblement. « J'espère néanmoins, ajouta-t-il, ne rien perdre, pour cela, de la confiance entière que nous devons avoir au sang de Jésus-Christ, et en la protection de Marie, l'asile des pécheurs. »

III.

CHAPITRE III.

La mère de Blonay trouvait tant de piété dans les discours du comte de Sales qu'elle appelait souvent la communauté au parloir pour l'entendre sur les matières du salut et de la perfection ; les sœurs, de leur côté, en étaient si touchées qu'elles lui proposaient les difficultés qui leur survenaient dans la vie intérieure, comme elles eussent pu faire à leur saint fondateur. Son digne frère leur en rappelait une idée d'autant plus vive qu'il se servait ordinairement des propres termes de saint François de Sales, où l'on a toujours trouvé une onction particulière ; cependant il parlait plus tôt comme un simple disciple qu'on interroge que comme un homme expérimenté qui communique ses lumières ; de sorte que les sœurs se plaignant un jour à lui de ses manières trop circonspectes à leur égard : « Mes bonnes mères, leur dit-il, je suis un pauvre séculier, et un grand pécheur ; je ne saurais avoir trop de retenue et de respect à l'égard des épouses de Jésus-Christ, qui daigne m'accorder votre entretien. »

Ce n'est pas qu'il affectât de parler de sa propre personne avec mépris ; car il tenait pour maxime qu'il vaut beaucoup mieux ne point parler du tout de soi que de perdre le temps à faire sur ses défauts des discours frivoles. « Nous sommes tellement attachés à nous-mêmes, disait-il, que nous ne pouvons guère en parler, de quelque manière que ce soit, sinon par un secret amour-propre ; car, pour se déguiser, il prend diverses figures, et, le plus souvent, celle qui paraît la plus opposée à l'amour-propre même. » La modestie et la simplicité étaient si bien établies en lui que tout ce qui pouvait y donner atteinte lui faisait une véritable peine.

Dans une assemblée de piété où il s'étendait sur les hautes vertus de la mère de Chantal, quelqu'un lui insinua qu'on lui ferait un jour la justice qu'il faisait à cette servante de Dieu, de laquelle il venait de parler comme d'une sainte : il prit le compliment pour une véritable insulte, et se retira en versant des larmes ; il vint aussitôt les répandre au pied de son crucifix, se plaignant amèrement à Dieu des louanges qu'on voulait lui donner, et qui étaient, selon lui, de véritables reproches de son indignité. Il ne montrait pas plus de goût pour les louanges qu'on lui donnait sur ce qui le touchait de plus près, c'est-à-dire sur ses enfants ; quand on lui faisait leur éloge, il laissait tomber le discours, disant simplement : « S'ils sont gens de bien, ils seront toujours aimables, et Dieu les bénira. »

On le pressait, en ce temps-là, de porter son fils Charles-Auguste à quitter sa retraite pour être coadjuteur de Genève, comme on le demandait universellement. Tout ce que fit le comte de Sales sur ce point, pour condescendre à ce qu'on souhaitait de lui, fut de passer le carême de l'an 1643 dans la solitude et dans la prière avec ce cher fils, afin d'obtenir de Dieu que ses desseins s'accomplissent uniquement. Aussi, dans ce temps-là même, le comte, écrivant à la mère de Blonay touchant cette affaire, dont tout le monde parlait, lui dit : « Je ne saurais disconvenir qu'il me serait agréable que mon fils fût le successeur de mes deux frères ; mais, s'il ne doit pas marcher fidèlement sur leurs vestiges, je prie Dieu de tout mon cœur qu'il n'entre jamais dans l'épiscopat, et que la Providence nous tienne plutôt, lui et moi, et toute ma maison, humiliés jusqu'à la cendre et à la poussière. » Persuadé d'ailleurs qu'il était indigne de la maison de Sales de parvenir à l'élévation par une autre voie que par celle de la vertu, il ne voulut jamais faire la moindre sollicitation à la cour en faveur de son fils. La chose n'en réussit pas moins. L'évêque de Genève, dom Juste Guérin, barnabite, déterminé long-temps auparavant à remettre cet évêché entre les mains de quelqu'un de la pieuse maison de Sales, qui y avait si fort avancé la gloire de Dieu et le salut des âmes, obtint lui-même l'agrément de la cour de Turin pour faire Charles-Auguste de Sales son successeur. Il fut le seul encore qui travailla pour obtenir les bulles du pape Urbain VIII, qui les accorda gratuitement, par vénération pour la mémoire du bienheureux François. Le prélat, les ayant obtenues, les envoya au comte, en lui mandant de se servir de toute son autorité pour déterminer son fils à quitter la solitude, et à prendre la charge que Dieu même lui imposait ; sur quoi le comte écrivit la lettre suivante à son fils :

« Gloire soit à Dieu pour la nouvelle que je viens de recevoir avec vos bulles. Vous voilà donc, mon cher fils, certain de votre vocation : travaillez à vous y rendre aussi fidèle que vous en êtes assuré, puisque les œuvres de Dieu ne s'achèvent en nous que par le consentement et la correspondance de notre volonté à son bon plaisir. Donnez entièrement, et sans restriction, votre coopération à ce grand et magnifique ouvrier. Il faut qu'il en soit de vous, mon fils, comme de votre saint oncle François, qui disait à l'heure de la mort : « Celui qui a commencé en moi son ouvrage le rendra parfait et solide. » Cependant humiliez-vous profondément devant la majesté divine, et n'oubliez jamais ces paroles : *Omne datum optimum descendit à Patre luminum*, tout don excellent vient du Père des lumières. Dans les conjouissances que vous allez recevoir, montrez une modestie propre à faire glorifier Dieu. Demain nous lui offrirons le sacrifice de louange pour accompagner le vôtre, et pour obtenir la divine protection, afin que vous vous acquittiez dignement de cette grande charge. Ainsi comblerez-vous de joie notre très-digne prélat M. de Genève, toute votre famille, tous ces bons peuples, qui vous marquent tant de respect et d'affection, et en particulier toutes nos très-chères sœurs de la Visitation. La vive espérance que j'ai au secours de Dieu, laquelle ne confond point, me fait augurer que vous serez désormais ma joie et ma couronne, comme vous avez été jusqu'ici ma consolation. Grand Dieu, exaucez-nous, et faites que tout le monde vous bénisse en votre serviteur Charles-Auguste, que j'aimerai toujours autant qu'il sera digne de votre amour; Voilà mes sentiments, mon fils; tout pour Dieu et tout en Dieu, en qui je suis votre bon père. A Sales, le 28 d'avril 1645. »

On fixa le jour du sacre au 14 mai, et le comte demeura encore ce jour-là même enfermé long-temps avec son fils, pour lui remettre devant les yeux la conduite qu'avait tenue saint François de Sales pendant qu'il fut coadjuteur. Après la cérémonie, le comte voulut faire au nouveau prélat une réception dans le château de Sales, où se trouvèrent les parents et les amis de la famille. Tout le monde fut également satisfait du repas qu'il fit servir, mais on en fut encore plus édifié ; car les pauvres du pays y eurent une grande part, et on y distribua pour eux une aumône générale. On ne peut guère imaginer de manière plus chrétienne dans un père de famille pour sanctifier la joie que lui donnent ses enfants. Le comte ne sut pas moins sanctifier la douleur qui lui vint, peu de temps après, par la mort d'un d'entre eux : c'était Janus, chevalier de Sales, qui fut tué au siége d'Alexandrie, dans le Milanais.

Il aimait singulièrement ce fils, parce qu'il était celui de ses enfants qui lui ressemblait le plus de corps et d'esprit, et qu'il avait sur lui des vues particulières pour l'établissement de toute sa famille: aussi fallut-il que le nouveau coadjuteur de Genève vînt exprès à Sales pour le préparer à la nouvelle de cette mort, qu'on savait devoir lui être très-sensible. Quelques précautions qu'on eût prises, le comte ne fut point maître encore de ses premiers mouvements, et fut saisi d'un tremblement pareil à celui qu'on éprouve dans le frisson d'une fièvre subite; mais, un moment après, revenant entièrement à lui, il regarda l'évêque et lui dit : « Allons, mon fils, allons à la chapelle faire un sacrifice de cet enfant, qui méritait bien d'être votre frère, mais dont je ne méritais pas d'être le père. » Puis, étant demeuré assez long temps en prières au pied de l'autel, il se releva, essuyant ses larmes, et dit au prélat : « Que faire ? le Seigneur me l'avait donné, le Seigneur me l'a ôté ; que le saint nom du Seigneur soit béni ! — Je le bénis aussi, mon père, reprit l'évêque, de la résignation avec laquelle vous recevez une épreuve si douloureuse. — Eh ! qu'opposerions-nous, répliqua le comte, à la souveraine autorité de celui qui brise ou conserve, comme il juge à propos, les vases qu'il a formés, et dont il nous prête l'usage autant et si peu qu'il lui plait ? » Pénétré de cette dernière pensée, il alla lui-même apporter cette fâcheuse nouvelle à la comtesse sa femme, et la consola par le motif dont il avait été consolé lui-même ; il lui dit plusieurs fois que, dans ces sortes d'événements, si durs à la nature, il fallait se soutenir par la force de la foi, et se dévouer aveuglément au bon plaisir de Dieu. « Il suffit, ajouta-t-il, qu'en nous retirant, par justice, quelques-uns de ses bienfaits, après le temps pour lequel il nous les avait accordés, il nous en laisse encore, par une pure libéralité, une infinité d'autres, qui doivent nous pénétrer de reconnaissance. » Avec ces sentiments, le comte de Sales s'affermissait dans une paix et une tranquillité inaltérables.

Quelque avancé qu'il fût en âge (car il était entré

dans sa soixante-dixième année), la vertu, qui semble quelquefois devenir plus farouche avec la vieillesse, ne faisait que devenir en lui plus aimable. En l'année 1648, il maria un de ses fils, qui portait le nom de baron de Torenc, avec mademoiselle de Valpergue, d'une maison qu'on tient issue des anciens rois de Lombardie. La cérémonie, qui avait été faite à Valpergue en Piémont, devait se renouveler à l'arrivée des époux à Torenc. Le comte ordonna la fête, qui dura trois jours de suite, mais d'un air si magnifique et si poli, et d'ailleurs avec tant d'ordre et de conduite, qu'on vit clairement alors combien la vertu bien entendue sait, dans l'occasion, donner de relief et de lustre à ce que le monde même sait imaginer de plus agréable et de plus brillant.

CHAPITRE IV.

En s'occupant de la sorte pour la satisfaction de sa famille, Louis n'oubliait pas les religieuses de la Visitation, qu'il regardait comme ses propres sœurs en Jésus-Christ. Elles étaient dans une grande affliction, par la mort de la mère de Blonay, dont nous avons déjà parlé, et qui fut une des plus excellentes servantes de Dieu qu'ait eues cet ordre dans sa naissance. Cette mort (en 1649) attrista extraordinairement la mère de Chaugi, qui avait tant de confiance dans le comte qu'elle l'appelait ordinairement son père, comme lui l'appelait sa fille. Elle perdait dans la mère de Blonay une amie intime, et un puissant soulagement dans la conduite du monastère d'Annecy, dont elle était, depuis peu, supérieure. Elle se trouvait chargée, outre cela, des poursuites de la canonisation de saint François de Sales en cour de Rome, du bâtiment de l'église du premier monastère de l'ordre, et de divers autres soins capables de fatiguer même une personne du monde accoutumée aux affaires. On peut juger combien l'embarras était accablant pour une religieuse élevée dans la retraite, surtout dans les circonstances dont nous venons de parler. Le comte, apprenant l'état où elle se trouvait, lui écrivit la lettre suivante pour l'encourager à se soutenir dans ses peines :

« J'ai appris avec une sensible douleur le sujet de la vôtre, et la mort de notre très-honorée et très-aimable mère de Blonay. J'en fus si frappé qu'il me fallut quelques moments pour remettre mon âme dans son assiette ordinaire. Mais, cela étant fait, j'ai su que votre cœur était encore dans l'amertume ; sur quoi je dois vous prier de vous souvenir de ce qu'était cette chère défunte, et ce que vous êtes. Elle a été dans la religion un modèle de toutes les vertus, et surtout de l'observance régulière, et nous devons croire qu'elle est sortie de ce monde pure et innocente, pour s'envoler dans le chaste sein de l'Epoux des vierges, et avec cela vous plaindriez son sort? Mais vous, pensez-vous assez à ce que vous êtes? Supérieure du premier monastère de la Visitation, à qui toutes les sœurs doivent avoir recours dans leurs peines, quelle consolation leur donnerez-vous si vous-même en avez besoin? Je pardonne aux premiers mouvements, et j'approuve même les larmes qu'ils vous ont fait répandre d'abord; mais je ne peux approuver que vous ne soyez pas encore revenue à vous-même. Vous me dites que ses conseils vous étaient utiles, et à tout votre ordre : je le sais, et même qu'ils y étaient nécessaires; mais c'était seulement pour le temps que Dieu le voulait ainsi; puisque ce temps est passé, il y suppléera d'une autre manière. La Providence vous a jugée assez forte pour porter le fardeau de votre charge : loin de vous manquer, elle ne veut que donner une épreuve à votre vertu, et une occasion à quelques-unes de nos sœurs de montrer leurs talents. Il ne vous faut que de la soumission à ses ordres pour vous faire obtenir plus de secours et de consolation dans ces conjonctures si tristes en apparence que vous n'en pourriez attendre dans la situation qui vous paraîtrait la plus favorable. »

Cette ressource divine qu'il indiquait aux autres était celle à laquelle il avait recours lui-même en toutes les occasions de la vie. Ayant appris, l'année suivante (1650), que sa belle-fille, la jeune baronne de Torenc, venait d'accoucher d'un fils, et ayant dit le *Te Deum* en action de grâces, il apprit, un moment après, que l'enfant n'avait vécu que quelques heures, et alors il dit deux fois le *Te Deum*, pour bénir Dieu d'avoir donné à un de ses descendants la vie de la grâce, en lui accordant celle du baptême, et la vie de la gloire, en le retirant du monde avant qu'il fût infecté du souffle de sa corruption.

Il montra encore une résignation aussi parfaite dans une conjoncture plus touchante. Il s'était répandu contre lui et contre les filles de la Visitation un libelle dans lequel on peignait sous d'étranges couleurs le dessein qu'il avait depuis long-temps de donner à cet ordre le château de Sales. L'insulte était des plus piquantes, et la calomnie des plus malignes. Il la ressentit vivement ; cependant, lorsque des personnes de crédit et de mérite travaillaient à publier pour lui une apologie, il s'y opposa, disant qu'il fallait mépriser un écrit dont personne n'osait s'avouer l'auteur. « Tâchons seulement, ajouta-t-il, de ne donner nulle occasion aux mauvais bruits, et contentons-nous de remettre le tout au jugement de Dieu et à celui des personnes équitables. C'est se défier de la justice qu'on mérite du public que d'entrer en des mouvements si violents pour se la faire rendre. Du reste, gardons-nous de soupçonner ou d'accuser personne témérairement, afin de ne pas confondre l'innocent avec le coupable : l'expérience a montré souvent qu'on ne peut rien imaginer, sur ce sujet, ni de plus chrétien ni de plus sensé. »

Cependant ces petites traverses portaient davantage le comte de Sales à rompre entièrement avec le monde, pour s'occuper uniquement des pensées de la mort et de l'éternité. C'est pourquoi, le duc de Nemours l'ayant sollicité, quelque temps après, d'entrer dans des affaires qu'il avait avec Madame Royale, quelque zèle qu'eût le comte pour ce prince, il s'en excusa. « Les affaires de mon éternité pressent si fort, répondit-il, que je n'ai plus le temps de veiller à d'autres affaires. » En effet, il se sentait affaiblir de jour en jour; et, un soir que tous ses enfants étaient assemblés, il leur parla avec les sentiments d'un père véritablement saint, qui se voit sur le point de les quitter.

CHAPITRE V.

Vers le commencement de l'année 1654, l'évêque de Genève, son fils aîné, le voyant plus mal qu'à l'ordinaire, proposa de le transporter au château de Sales, où l'air pourrait contribuer au rétablissement de sa santé. Le comte eût bien préféré aller chez le prélat son fils, comme il s'en expliqua; mais voyant ce qu'on souhaitait de lui : « Mon fils, dit-il avec douceur et en souriant, maintenant que je suis vieux, il est bon que l'on me gouverne, et qu'on me fasse faire ce que je ne veux pas ; je vous ai commandé long-temps, il est juste que je vous obéisse présentement. »

La nature défaillant de jour à autre, il se trouva pris d'une violente rétention d'urine. Il souffrit, cinq jours entiers, les douleurs les plus aiguës, sans laisser échapper un mot de plainte ; il en aurait usé plus long-temps de la sorte si le baron de Torenc ne l'eût fait entrer dans les vues des médecins, en lui disant que c'était une sorte de remède pour ces vives douleurs que de se plaindre un peu. L'évêque de Genève, qui apprit l'état de la santé de son père, et qui l'avait quitté pour aller remplir les fonctions du ministère épiscopal dans son église, revint le voir, et entra dans sa chambre au même temps que les médecins y arrivaient aussi. Le comte, sans penser à eux, adressa la parole au prélat, lui disant : « Je vous suis fort obligé, mon fils, de la peine que vous prenez pour moi, dans un temps si mauvais, et ayant tant d'affaires importantes ; mais Dieu sera votre récompense ; j'attends ici l'effet de sa divine miséricorde. » L'évêque lui parlant sur cela de la conformité à la volonté de Dieu, il lui répliqua par ces vers latins, qu'il avait souvent à la bouche :

Sive mori me, Christe, jubes, seu vivere mavis,
    Dulce mihi tecum vivere, dulce mori.

« Soit qu'il vous plaise que je vive ou que je meure, Seigneur, il m'est doux de vivre et de mourir avec vous. »

Une ancienne domestique lui disant alors que c'était pour lui une grande consolation de voir le prélat son fils, dont la présence contribuerait, comme on espérait, au rétablissement de sa santé : « Je bénis Dieu, répondit le comte, de ce qu'il me l'a envoyé pour m'aider à passer heureusement dans l'éternité. » Ensuite, ayant fait écrire ses dernières volontés avec une présence et une fermeté d'esprit admirables, il dit à l'évêque son fils : « Je vous prie de vouloir bien servir de père à vos frères. » Puis, le lendemain, lui parlant encore de ses affaires domestiques : « Vous y aurez peut-être, dit-il, quelques difficultés ; mais, par la patience, on vient à bout de toutes choses ; aussi est-ce la grande vertu du christianisme. » Après quoi il pria ce prélat, qui lui suggérait divers actes de piété conformes à l'état où il se trouvait, de ne pas manquer de lui couvrir la tête de cendres quand il mourrait, et il recommanda en même temps au baron de Torenc de s'en souvenir.

Quoique l'évêque sût que ce n'est point l'usage de l'Eglise, que les enfants revêtus du sacerdoce et du caractère épiscopal demandent ou reçoivent la bénédiction de leurs parents, il ne laissa pas de se jeter à genoux, avec le baron son frère, pour demander la bénédiction paternelle, tant était grande l'idée qu'il avait de sa sainteté. Le malade répondit avec sagesse et discernement au prélat : « Dieu vous a fait mon pasteur et mon père spirituel ; ce ne serait point à moi de donner la bénédiction là où vous êtes ; mais, si, en qualité de fils selon la nature, vous voulez la bénédiction de celui qui vous a donné une vie temporelle, autorisez-moi, de la part de la sainte Église, pour vous la donner, et à tous ceux à qui je la dois. » Sur quoi l'évêque lui ayant fait un signe : « Mon fils, lui dit-il, je prie Dieu qu'il vous comble de ses grâces, afin que vous soyez à son égard un serviteur fidèle et prudent dans la grande charge qu'il vous a imposée, et que, lui conduisant dans le ciel, pour sa gloire, une troupe nombreuse de ses élus, vous soyez à votre tour glorifié par lui dans l'éternité. » Ensuite parlant au baron de Torenc : « Je prie Dieu qu'il bénisse mon fils de Torenc, ajouta-t-il, afin qu'administrant le bien de notre famille, il passe de telle sorte par les avantages de cette vie qu'il ne manque pas d'obtenir ceux du ciel. » Il fit de semblables prières pour chacune des personnes de sa famille et de ses amis, et, en particulier, pour les Pères de Saint-Dominique, qu'il avait toujours chéris, et dont l'un était présent. Comme on lui eut demandé la même grâce pour les filles de la Visitation, il éleva la voix en disant : « Ah ! ce sont les chères filles de mon bienheureux père et frère François, auxquelles moi et les miens avons d'étroites obligations. Je prie Dieu qu'il les bénisse par la participation de la promesse faite à Abraham et à Sara, en multipliant de plus en plus le nombre des filles qui se doivent sanctifier dans leur institut. » Il parla avec le plus saint renouvellement d'affection de la mère de Chaugi, parce que Dieu l'avait choisie afin de poursuivre la canonisation de leur bienheureux fondateur.

Ayant ainsi passé le reste du jour à donner à tous ceux qui l'approchaient, ou dont on lui parlait, des témoignages de cette charité si réglée et si tendre avec laquelle il aimait en Dieu tout ce qu'il aimait, il sentit sur le soir quelque adoucissement à ses douleurs. On crut ne pouvoir le faire profiter plus agréablement de cet intervalle qu'en lui lisant ce que le journal rapportait, vers ce temps-là, de l'entrée honorable des religieuses de la Visitation à Varsovie, où la reine de Pologne Marie venait de les appeler.

Cependant le baron de Torenc, persuadé que ce serait une consolation pour son père d'avoir, pour l'assister dans l'extrémité où il était, un des Pères de la compagnie de Jésus, à l'égard desquels il avait toujours témoigné les sentiments d'une estime et d'une amitié particulières, on fit venir le Père de Bessié, supérieur d'une mission qu'ils avaient à la Roche. Le comte lui marqua dans les termes les plus expressifs l'obligation qu'il avait à toute la compagnie de lui avoir fourni des directeurs dans le temps des exercices spirituels, et à lui en particulier d'être venu, dans la saison la plus rigoureuse, pour recevoir la dernière confession d'un moribond.

Avant de la faire, il pria que l'on disposât tout pour

lui apporter le viatique et l'extrême-onction, et que ce fût de la paroisse, afin de marquer davantage son attachement à l'ordre de l'Eglise. Le Père jésuite, ayant passé environ une heure à le confesser ou à conférer avec lui, le laissa un moment, dans la crainte de le fatiguer ; et, le baron de Torenc ayant demandé à ce Père des nouvelles du malade, le Père répondit, les yeux baignés de larmes de consolation : « Ce que je peux dire, c'est que monsieur votre père meurt comme un grand saint, et que je vais de sa part offrir le sacrifice de sa vie avec le sacrifice de Jésus-Christ pour son heureux passage du temps à l'éternité. » Le baron étant rentré : « O mon fils ! lui dit le comte, que ce Père m'a consolé ! Je ne désire plus rien au monde que ce qu'il plaira à Dieu. »

Quand on eut apporté le Saint-Sacrement, et que l'évêque de Genève se fut approché pour le lui donner : « Eh ! d'où me vient ce bonheur, s'écria le malade, que mon Seigneur et mon Dieu daigne venir à moi ? Venez donc, Seigneur Jésus, et soyez-moi propice, à moi qui suis un pécheur. » Il pria ensuite le prélat de prononcer pour lui la profession de foi touchant ce divin mystère, par ces paroles de saint Thomas : *Adoro te devotè, latens Deitas*, etc. Durant tout ce temps-là, attachant ses yeux fixement sur la sainte hostie, et tenant les mains jointes, il entra dans le sentiment d'une foi si vive de la majesté d'un Dieu caché sous les espèces sacramentelles qu'il fut saisi d'un tremblement violent. Après la communion, il souhaita reposer un peu, pour s'entretenir avec notre Seigneur, à qui il adressa ces paroles : « *Fac mecum signum in bonum, ut videant qui oderunt te, et confundantur*; faites que ce sacrement soit pour moi un signe de salut, afin que ceux qui vous haïssent soient confondus. » Au bout d'une demi-heure il demanda l'extrême-onction, disant que le temps pressait, et qu'il fallait songer à partir de ce monde.

Il répondit à toutes les prières, et ensuite, le prélat lui présentant le crucifix, il dit, d'une voix forte et distincte, ces paroles pleines de foi : « Par les mérites du sang de mon Rédempteur, dont j'embrasse l'image, j'espère que Dieu me pardonnera mes péchés comme il a pardonné à Madeleine et au bon larron. Je l'en supplie par l'intercession de la très-sainte Vierge, cette étoile de la mer, avec le secours de laquelle tous ceux qui se conduisent arrivent au port du salut. » Puis regardant l'évêque : « Mon fils, lui dit-il, vous êtes aujourd'hui à mon égard un véritable père; car vous m'avez donné le véritable pain de vie qui est descendu du ciel. » A quoi l'évêque répliqua, les larmes aux yeux : « *Si quis manducaverit ex hoc pane, vivet in æternum;* celui qui mangera de ce pain vivra éternellement. — Oui, je l'espère, reprit le malade, moyennant la divine miséricorde. *Credo videre bona Domini in terrâ viventium;* je crois voir bientôt les biens du Seigneur dans la terre des vivants. »

CHAPITRE VI.

MALGRÉ l'extrémité où se trouvait le comte, on jugea encore à propos de lui faire faire l'opération par un chirurgien très-habile, qu'on envoya chercher pour cela. Le comte, voyant l'évêque son fils, qui le lui amenait, répondit qu'il ne méritait pas tant de soins, et qu'il attendait paisiblement le moment du Seigneur. Mais le Père jésuite lui ayant dit qu'en abandonnant son âme à Dieu, il fallait abandonner aussi son corps au médecin : « Faites donc ce qu'il vous plaira, dit-il, de cette misérable chair. » L'opération se recommença jusqu'à trois fois : dès la première, les douleurs furent si excessives que le malade, qui avait toujours su retenir ses plaintes, ne put s'empêcher alors de les laisser éclater, mais toujours par ces mots : « O mon Dieu! ô Jésus! ô Vierge sainte! » Ses cris, joints avec l'idée qu'on avait de son invincible patience, pénétraient d'affliction tous ceux qui étaient présents, et le chirurgien, craignant qu'il n'expirât entre ses mains, lui donna un confortatif. Le Père Bussié l'encouragea à souffrir par ces paroles de saint Augustin : *Hic ure, hic seca, modò in æternum parcas*; à quoi il répondit : « Il est vrai que je ne suis pas encore dans l'état de Jésus-Christ attaché pour moi en croix. » Dans une troisième opération, comme on lui demandait s'il souffrait toujours beaucoup : « Hélas! oui, répondit-il, mais qu'on n'en fasse pas moins ce qu'on jugera à propos; » sur quoi la comtesse sa femme, fondant en larmes, s'écria: « Combien de fois lui ai-je ouï dire qu'il priait Dieu de le faire mourir martyr! le voilà véritablement exaucé. »

Cependant il n'en fut pas moins présent à lui que le jour précédent, engageant tendrement chacun de ceux qui l'approchaient à lui obtenir une bonne mort par leurs prières. L'évêque de Genève, l'entendant soupirer de fois à autre dans une espèce de faux sommeil, dont-on craignait les suites, lui demanda s'il désirait quelque chose ; il répondit par ces paroles : « *Domine, ante te omne desiderium meum, et gemitus meus à te non est absconditus ;* Seigneur, tous mes désirs sont devant vous, et mes gémissements ne vous sont point cachés. » Quelque temps après, on lui entendit réciter des vers d'une chanson spirituelle qu'il avait sue, pour exprimer les sentiments d'une âme chrétienne, qui renonce au monde, et s'unit à Dieu. Le Père jésuite lui dit à cette occasion : « Monsieur, nous sommes forts avec la grâce, puisqu'en vous la chair est humiliée et soumise à l'esprit par la maladie, et que d'ailleurs voilà que vous détestez le monde : ce sont deux grands ennemis de vaincus. — Mon Père, répondit-il, le troisième ennemi, qui est invisible, est bien plus à craindre ; mais si Dieu est pour nous, qui sera contre nous ? En même temps il prit le crucifix, et dit avec une force étonnante ces mots du psaume : « Que Dieu s'élève, que ses ennemis se dissipent, et que tous ceux qui le haïssent fuient de devant sa face. »

Vers les cinq heures du soir, il pria qu'on appelât le prélat son fils pour faire la recommandation de l'âme ; il lui nomma les saints auxquels il avait eu le plus de confiance après la Mère de Dieu; afin qu'on les invoquât en particulier dans les litanies des moribonds. A ces paroles du Rituel : « *Licèt enim peccaverit, tamen Patrem, et Filium, et Spiritum sanctum non negavit, sed credidit,* » il in-

terrompit un moment pour dire à haute voix :
« Non, je ne l'ai jamais nié, et j'ai toujours, au contraire, cru fermement, confessé et adoré ces trois adorables personnes; *hæc est enim vita æterna* ; car c'est en cela que consiste la vie éternelle. » Les prières étant finies, il demanda de nouveau d'être couvert de cendres, et qu'on lui ôtât une couverture qui lui restait. Le Père jésuite lui dit à cette occasion : « Monsieur, vous voulez mourir nu et dans la pénitence. — Dieu m'en fasse la grâce, » répondit-il, ajoutant ces paroles : « *Nudus egressus sum de utero matris meæ, et nudus revertar illùc ?* » L'évêque de Genève ayant béni la cendre, lui en couvrit la tête, prononçant les paroles que l'Eglise emploie le premier jour du carême : « *Memento, homo, quia pulvis es, et in pulverem reverteris*; souviens-toi, ô homme, que tu es poudre, et que tu retourneras en poudre ; » sur quoi le moribond reprit : « Oui, mon Dieu, je ne suis que terre et que cendre ; mais pourtant vous m'avez formé, et vous m'avez formé pour vous : je reconnais tout ce que vous êtes, et tout mon néant. Je crois que mon rédempteur est vivant, qu'au dernier jour je dois ressusciter de la terre, et qu'en ma propre chair je verrai le Dieu mon Sauveur. »

Comme il demanda ensuite un peu de repos, l'évêque, croyant qu'il voulait s'assoupir, lui dit : « A la bonne heure, mon père, tâchez de sommeiller. — Ce n'est plus le temps du sommeil corporel, » répondit le malade. « Je me souviens, ajouta-t-il encore, de ce que dit le roi d'Espagne Philippe II dans l'état où je suis, que quand il s'agissait d'entrer dans l'éternité, il ne fallait rien perdre du jour qui en était la veille. » On le laissa donc reposer doucement en Dieu, ainsi qu'il le souhaitait ; un moment après il parut soupirer, puis, comme s'il eût vu le ciel ouvert devant ses yeux, il s'écria : « O éternité ! éternité ! cher objet de mes désirs et de mes espérances ! » à quoi il ajouta, se tournant du côté du prélat : « *Heu mihi, quia incolatus meus prolongatus est!* hélas ! pourquoi mon exil est-il prolongé?» Et baisant amoureusement le crucifix : « Venez, Seigneur Jésus, et appelez-moi à vous. » L'évêque lui répliqua : « Il paraît, mon père, que vous bénissez Dieu de quelque grâce qu'il vient de vous faire. Il repartit par ce verset du psaume : « *Lætatus sum in his quæ dicta sunt mihi* » : *In domum Domini ibimus* ; je me suis réjoui de ce qui m'a été dit, que nous irons dans la maison du Seigneur.» A ces mots, il entra dans une espèce de ravissement pendant un demi-quart d'heure, au milieu duquel il s'écria : «*Gloriosa dicta sunt de te, civitas Dei* ; ô cité de Dieu! que l'on a dit de grandes choses de vous !» Et après une réflexion aussi longue que la précédente, il pria le prélat d'achever toutes les prières que l'Eglise prescrit pour les moribonds. Il écouta attentivement des évangiles qui restaient à réciter ; et ayant fait une nouvelle profession de foi, il dit, baisant le crucifix : « *Egredere, anima mea,*

7.

quia Dominus benefecit tibi ; sors, mon âme, pour aller dans le lieu de ton repos, parce que le Seigneur t'a comblée de ses biens. Ensuite, baisant une seconde fois le crucifix, il demanda à notre Seigneur d'accomplir ses desseins sur lui. L'évêque de Genève lui rapporta ces mots de l'Apôtre : « *Qui cœpit perficiet* ; celui qui a commencé l'ouvrage de notre salut l'achèvera. » Le moribond répéta plusieurs fois avec un grand goût ce dernier mot : « *Perficiet* ; il l'achèvera. » « Notre bienheureux François, ajouta-t-il, le disait ainsi en mourant, et nous ne pouvons trop l'imiter. »

Les dernières journées de sa vie n'étaient, comme on voit, qu'un exercice continuel des actes les plus solides et les plus touchants du christianisme, sans que la violence de ses douleurs lui pût faire relâcher un moment de sa ferveur ; de sorte qu'il paraissait même quelque chose de surnaturel, qu'il la pût soutenir au milieu des langueurs d'une nature défaillante, et des douleurs les plus aiguës. Dès le matin du 24 novembre, qui fut le jour de sa mort, voyant approcher le prélat, il lui dit : « Mon fils, il est étrange que cette pauvre âme ne se puisse détacher du corps après tant de souffrances ; pensez-vous donc que je sois encore long-temps en cet état ? — Non, mon père, répondit le prélat : *tempus breve est* ; le temps finit, et l'éternité ouvre son sein. » Alors se découvrant la tête, comme s'il eût salué une personne de distinction : » O mon fils, dit-il, que vous me donnez une bonne nouvelle, et que je vous en suis redevable ! » Puis levant les yeux au ciel : « O éternité! éternité bienheureuse! » Le prélat cependant alla dire pour lui la messe des agonisants, et, à son retour, il crut qu'il aurait le temps d'aller prendre encore de quoi se soutenir; mais à peine fut-il sorti que le malade s'écria : « Mon Dieu et mon Rédempteur. » On lui demanda ce qu'il voulait : « Rien, dit-il, que la grâce de mon Dieu. » Cependant on lui vit dans les yeux une sorte de convulsion, et on appela le prélat et le Père jésuite, qui lui dirent de demander pardon à Dieu. Il leur répondit par un signe des yeux, et, serrant le crucifix que le Père lui mit entre les mains, il reçut de nouveau l'absolution. Au même instant, l'évêque son fils prononçant sur lui ces paroles : *Vade in pace, in nomine Patris, et Filii, et Spiritûs sancti*, il expira doucement, les yeux élevés vers le ciel, le 24 novembre 1654, dans la soixante-dix-huitième année de son âge : incontinent après, son visage parut vermeil et plus beau qu'il n'avait jamais été.

La maison se trouva bientôt remplie d'une foule de personnes de qualité, dont les unes pleuraient amèrement sa mort, et les autres répétaient sans cesse que c'était un saint qui entrait dans le ciel ; de sorte qu'on fut obligé de condescendre à la dévotion du peuple, qui voulut faire toucher à son corps des chapelets, des médailles et d'autres choses semblables. On l'ouvrit le lendemain, et on lui trouva la vessie si pleine de carnosités qu'il était aisé de juger combien ses douleurs avaient été excessives ; et l'on ne pouvait concevoir comment un homme de son âge avait pu vivre de la sorte. Le cerveau fut trouvé grand, sain, net, blanc, et sans nul défaut; ce qui montrait assez ce qu'on avait toujours éprouvé de son esprit excellent. Son cœur fut donné, selon son intention, aux dames de la Visitation d'Annecy ; ses entrailles furent portées à Torenc, et son corps inhumé dans l'église des Pères de saint Dominique.

L'opinion de sa sainteté se répandit par toute la Savoie, et l'on a plusieurs dépositions juridiques des grâces singulières par lesquelles Dieu semble avoir voulu manifester la gloire de son serviteur. L'affluence inconcevable de gens de toutes conditions qu'on vit à son convoi furent des marques sensibles de la haute idée qu'on avait de sa sainteté, et de la vénération qu'on avait pour sa personne. La cérémonie fut des plus magnifiques ; nous n'en mettrons pas ici le détail : on en jugera facilement par la tendresse et la reconnaissance qu'eut sa famille pour celui qui en avait été un si digne chef, et qui lui avait attiré toujours tant de bénédictions devant Dieu, et fait tant d'honneur devant les hommes.

LIVRE TROISIÈME.

CHAPITRE 1.

Bien que nous ayons vu jusqu'ici la conduite toute chrétienne et toute sainte du comte Louis de Sales, ce ne serait pas encore assez si nous ne considérions désormais plus en particulier l'esprit et les motifs dont elle était animée. On connaît une montre en apercevant avec quelle régularité elle marque les heures ; mais on la connaît encore mieux en regardant de près les ressorts qui la font agir si régulièrement. C'est l'intérieur du comte de Sales que nous devons exposer ici, pour découvrir ce qu'il y avait en lui de plus admirable, et en même temps de plus salutaire pour ceux qui doivent profiter de ses exemples.

L'âme de toute sa conduite, en général, était la haute idée qu'il avait conçue de la grandeur de Dieu. On ne peut trouver un sentiment plus relevé et plus inébranlable que celui qu'il avait de la majesté divine, ni une foi plus vive et plus tendre de ses ineffables perfections. Aussi, dès sa jeunesse, avait-il aimé constamment ce souverain bien d'un amour de choix et de préférence à toute chose ; de sorte que son mot le plus ordinaire était : « L'unique bien, c'est Dieu ; l'unique mal, c'est le péché. » Rien n'a jamais été capable de lui faire perdre de vue cette maxime ; et il a dit à la mère Marie de Chaugi qu'étant encore tout jeune, il avait appris du B. François de Sales, son frère, à mettre tous ses intérêts dans ceux de Dieu. « Le principal intérêt de Dieu, ajoutait-il, c'est que la créature fasse toute les choses qu'il veut d'elle, c'est-à-dire qu'elle l'aime et qu'elle le serve lui seul. L'adoration lui consacre nos hommages, l'amour lui attache notre cœur, et le service nous fait employer à son honneur toutes nos facultés et tout ce que nous sommes. »

Ces maximes fondamentales de religion et de piété remplissaient tellement l'âme du comte de Sales que les maximes du monde et de l'ameur-propre n'y trouvaient plus d'accès. Il en était entièrement affranchi ; il jouissait constamment de cette liberté si heureuse des enfants de Dieu, et si nécessaire à l'homme intérieur. Les précieux effets qu'il en ressentait en lui-même ne se faisaient pas moins ressentir au-dehors à ceux qui l'approchaient. Le duc d'Orléans, frère unique du roi Louis XIII, lui ayant fait l'honneur de lui rendre visite dans son château, deux courtisans des plus distingués de la suite de ce prince demeurèrent, pendant qu'il était allé prendre le plaisir de la chasse, à entretenir le comte de Sales. L'entretien avec lui ne pouvait manquer de tomber sur des matières de piété. Il leur en parla d'une manière si touchante et si propre à faire envier la disposition où il était à l'égard de Dieu qu'ils lui dirent, les larmes aux yeux : « Nous n'avons point su jusqu'ici, Monsieur, ce que c'est que de servir Dieu ; non-seulement vous nous l'apprenez, mais vous nous le faites sentir ; aidez-nous, par vos prières, à établir inébranlablement dans nous les pensées et les sentiments que vous nous inspirez présentement. »

CHAPITRE II.

Si des étrangers tiraient un si grand fruit de sa conversation, ceux de sa maison en devaient tirer encore de plus considérables : aussi avaient-ils communiqué l'usage des actes les plus purs et les plus élevés de notre sainte religion, qui lui étaient familiers, à sa femme, à ses enfants, à ses domestiques, et même à ses vassaux. Il demandait souvent à Dieu de faire la grâce à tous les chrétiens « de l'adorer en esprit et en vérité; » et, pour seconder de tout son pouvoir la grâce qu'il demandait avec tant d'instance, il faisait avec plaisir réciter aux personnes les plus simples, à qui il prenait occasion de parler pour les porter à Dieu, ce verset de l'office divin : *Adoramus te, Christe, et benedicimus tibi.*

Comme il avait une dévotion très-tendre à la sainte Vierge, il demandait surtout, par son intercession, le don perpétuel de l'adoration intérieure; et il avait cette vue dans toutes les pratiques de piété que prescrit la confrérie du rosaire, où il était engagé. Ces sortes de dévotions que quelques-uns, à force de raffiner, regardent comme frivoles, ont montré, dans la personne du comte de Sales, quelle était leur efficace et leur solidité, quand on en prend bien l'esprit. C'est celui même de la perfection chrétienne, à laquelle le comte parvint avec leur secours.

Une des marques des plus sensibles qu'on en puisse apporter est le sacrifice, qu'il fit à Dieu sous les auspices de Marie, de son fils le chevalier, quand il l'envoya à Malte. On a trouvé dans ses papiers la formule de l'offrande qu'il fit au Seigneur de cet enfant, qu'il chérissait d'une tendresse particulière; à cet écrit étaient jointes encore les instructions qu'il lui donnait. Il lui recommandait surtout d'adorer Dieu à toutes les heures du jour, et de combattre contre les Turcs dans l'intention du martyre. Il marque en ce même endroit que si Dieu avait bien voulu exaucer ses désirs, lui-même serait mort pour la foi, et que le zèle de saint Louis, son illustre patron, pour la défense de la religion chrétienne était une des choses les plus capables de ranimer son courage dans la pratique de l'adoration perpétuelle, qu'il rendait à la souveraine grandeur de Dieu.

CHAPITRE III.

La haute idée que le comte de Sales avait de Dieu lui avait fait concevoir une extrême horreur pour tout ce qui pouvait blesser, non-seulement en lui, mais encore dans les autres, le respect qui est dû à cette majesté suprême. Il abhorrait en particulier les jurements, qui étaient fort en usage, en ce temps-là, parmi la noblesse. Une chose qui lui arriva dès l'âge de quatre ans l'avait mis ou affermi dans ces saintes dispositions : ayant entendu jurer le nom de Dieu, il s'avisa de répéter ce qu'il avait entendu dire, sans distinguer ce que c'était ; son père lui en fit une correction si sévère que c'est, disait le comte, la seule fois que j'aie ou juré, ou pu entendre jurer tranquillement. Quand cela arrivait en sa présence sans qu'il eût pu le prévenir, il faisait sur-le-champ un acte d'adoration intérieure pour réparer l'injure faite à Dieu, et pour adoucir le ressentiment qu'il en avait lui-même. Un de ses fils ayant contracté à l'armée cette habitude, il l'en avertit plusieurs fois très-sérieusement ; et, les avis n'ayant point eu encore tout leur effet, il lui dit un jour dans l'ardeur d'un saint zèle : « Pensez efficacement à profiter de ce que je vous dit : car je renoncerai pour mes enfants les ennemis de Dieu et ceux qui blasphèment son saint nom, au lieu de les bénir. »

On a remarqué que sa tranquilité ne s'altérait que lorsqu'en sa présence il échappait à quelqu'un de jurer. D'ailleurs il ne pouvait s'empêcher de faire, à ce sujet, même aux plus grands seigneurs, et dans sa propre maison, une espèce de correction ; mais il s'y prenait d'une manière si insinuante et si honnête qu'on n'a presque vu personne la recevoir en mauvaise part. Plusieurs d'entre eux lui disant que c'était l'habitude qui les entraînait, il leur indiquait des pratiques pour s'en défaire ; il les engageait, d'ordinaire, à mettre sur la manche un ruban bleu. » Cette couleur (qui était en ce temps et en ce pays-là affectée au culte de la sainte Vierge) vous portera à l'invoquer, leur disait-il ; ce qui attirera son secours contre un vice si contraire à l'honneur de son adorable Fils. »

Un seigneur fort sujet à cette mauvaise habitude, et qui allait souvent chez le comte de Sales, s'étant, contre l'ordinaire, moqué des remontrances qu'il lui avait faites sur ce point, celui-ci le pria de ne plus mettre le pied chez lui, disant qu'il ne pouvait souffrir qu'on y outrageât Dieu, qui était le maître souverain de sa maison. Le seigneur s'en tint pour offensé, et le fit appeler en duel. Le comte répondit à celui qui faisait la commission : « J'ai repris le cavalier qui vous envoie de ce qu'il offensait Dieu par ses blasphèmes ; je ne dois pas l'offenser moi-même par les maximes d'un faux honneur, qui est un véritable crime aussi bien que le jurement. Du reste, je ne crains personne, et je n'ai peur que de déplaire à Dieu, qui me donnera de quoi me défendre si l'on m'attaque mal à propos. » Cette réponse si chrétienne et si ferme produisit l'effet que nous avons vu ailleurs ; en sorte que le seigneur laissa évanouir l'affaire, et vint revoir de lui-même M. de Sales, comme s'il ne s'était rien passé entre eux de particulier. Cependant le gentilhomme demeura sujet au même vice, et, quelques années après, comme il donnait encore à ce sujet un scandale public, le comte lui dit doucement dans une conversation qu'ils eurent à Annecy : « En vérité, Monsieur, je ne peux m'empêcher encore de vous le dire, que si vous ne vous corrigez de vos jurements, Dieu se vengera sur vous d'une manière exemplaire, et que vous mourrez malheureusement. » La prédiction se vérifia : ce gentilhomme, s'étant engagé dans un duel, dit avec fureur en approchant son ennemi : « Il faut qu'un de nous deux porte aujourd'hui des nouvelles de l'autre en enfer. » Un moment après il fut percé d'un coup mortel, et rendit l'âme en prononçant ce blasphème.

Un jour que le comte se trouva avec des personnes de la cour qui disaient, en parlant du jurement, qu'après tout cela n'allait pas mal à des gens d'épée, et que c'est une sorte d'exercice qui sert à animer le courage : « Ce serait une étrange chose, répondit le comte, qu'on acquît du courage à force de braver Dieu, ou qu'un méchant usage pût balancer l'obéissance qu'on doit à ses ordres. Il faut prendre son parti, ajouta-t-il : il n'y a point de milieu entre se déclarer pour Dieu ou pour le démon. »

CHAPITRE IV.

Le zèle qu'il avait pour la conversion des hérétiques, qui, par une fausse doctrine, offensent la sainteté de Dieu, qui est la vérité même, n'était pas moindre que son zèle contre ceux qui blasphèment son nom. Il n'a pas craint d'exposer souvent sa vie dans la ville de Genève, afin de soutenir les vérités de l'Eglise catholique, et il y a ramené un grand nombre de ceux que les nouvelles sectes en avaient écartés. Il est aisé d'imaginer la manière dont il s'y prenait, en se souvenant de celle de son frère saint François de Sales, à qui il ressemblait si fort, et avec qui il avait exercé long-temps ce saint ministère. Les ménagements, la douceur, la compassion, d'ordinaire¹, étaient les moyens les plus efficaces qu'il employait pour y réussir. Surtout il avait soin de faire entendre aux hérétiques avec qui il traitait qu'il les regardait non comme des hommes moins habiles, moins ingénieux ou moins honnêtes gens que les catholiques, mais comme étant tombés, par malheur, dans un précipice d'où ils ne peuvent pas trouver mauvais qu'on essaie de les retirer. Quant à ceux qui en sortaient effectivement, il avait pour eux la tendresse et les soins d'un vrai père, subvenant à leurs besoins de son propre bien, et cela jusqu'à ce qu'il trouvât moyen d'y pourvoir autrement. Comme leur retour à l'Eglise faisait sa plus grande joie, aussi sa plus grande désolation était d'apprendre les progrès et les ravages de l'hérésie. Il disait souvent en ces conjonctures : « Que ne puis-je moi seul rétablir tous les sacrifices, ou faire tous les actes de vertu qu'elle supprime dans les lieux où elle répand sa contagion ! »

Du reste, bien que les entreprises les plus saintes, et qu'il avait le plus à cœur, ne réussissent pas toujours selon ses vues, soit pour la conversion des autres ou pour son propre avancement dans la perfection, il ne laissait jamais diminuer en lui les sentiments de la ferme et douce confiance qu'il avait en Dieu. Le premier mouvement que produisaient dans son âme les fautes où il jugeait qu'il était tombé était de lever les yeux au ciel, et de dire à Dieu : « Seigneur, j'espère en vous, et je ne serai jamais confondu. » Dans une compagnie où l'on parlait des peines de l'enfer, que les gens les plus dignes ne sont pas assurés d'éviter, quelqu'un interrompit en disant : « Heureux ceux qui ne sont point nés, ou, comme dit Job, qui ont passé incontinent du sein de leur mère au tombeau ! — Quelle sorte de bonheur serait-ce ? reprit le comte. Le néant ne saurait glorifier Dieu, et les enfants morts sans baptême ne le verront point ; ce n'est donc pas là un sort à envier. Quelque effroyable que soit le danger de se damner, poursuivit-il, il est bon de le courir, pour aimer et pour servir son Dieu ; d'autant plus qu'un chrétien qui espère fidèlement au Seigneur doit compter qu'il ne s'égarera jamais, ni pour le temps ni pour l'éternité. »

Il a dit souvent que le seul nom de Paradis le faisait tressaillir de joie, dans la pensée que Dieu avait créé les âmes raisonnables pour en jouir, et qu'on ne pouvait croire à une Providence qui veille à nos besoins sans espérer tout de sa bonté et de son amour. « Voilà, disait-il un jour à la mère de Chaugi, les sentiments de mon saint frère, qui vivait très-paisiblement dans le sein de la providence de Dieu, et dans l'attente de ses promesses, au milieu des affaires les plus désagréables qui lui survenaient de temps à autre. Après y avoir apporté tous ses soins, il avait coutume de se tranquilliser par ces paroles du saint homme Tobie : « Nous aurons toujours de grands biens, si nous avons la crainte de Dieu ; *Multa bona habebimus, si timuerimus Deum.* » Comme on demandait, sur cela, au comte de Sales s'il avait une crainte bien vive des jugements de Dieu : « Quand je me considère, répondit-il, ils me font frémir ; mais quand je considère sa bonté, ma crainte se change en confiance ; car enfin je suis son ouvrage, et je suis plein de hardiesse entre ses mains. »

Pour consoler un grand pécheur qui n'osait espérer le secours du ciel, il lui disait un jour : « Dieu est un grand père de famille ; il est bien aise quelquefois qu'un de ses enfants lui doive beaucoup, afin de lui marquer davantage son amour en lui remettant beaucoup de ses droits. Dans les plus grandes extrémités, vous trouverez toujours le cœur de Jésus-Christ ouvert ; jettez-vous-y, et alors engagez, par votre pénitence, la justice de Dieu à se relâcher à votre égard, et sa miséricorde à vous sauver. »

CHAPITRE V.

Comme on représentait au comte que ces pratiques de la piété étaient bien difficiles à ceux qui n'avaient pas l'usage de la dévotion : « Mais est-il difficile de l'avoir? reprenait-il; et les gens du monde qui en sont effrayés ne prennent-ils point son ombre pour sa réalité? » En effet, rien n'est plus aisé que d'aimer Dieu, il ne faut que le voir, et cet amour est l'essence même de la dévotion ; l'un ne diffère de l'autre que comme la flamme diffère du feu, la dévotion n'ajoutant à la charité qu'une sorte d'ardeur qui la rend plus prompte et plus active. Sur cela, il disait encore qu'il était ridicule qu'un homme de qualité crût perdre rien de ses prérogatives par la dévotion ; comme si David, saint Louis et tant d'autres monarques en eussent été moins grands pour s'être distingués par une piété éminente, ou comme s'il se pouvait rencontrer une générosité à l'épreuve de tout, quand on n'a pas en Dieu une ressource assurée et universelle. « Si les princes faisaient cette réflexion, ajoutait-il, ils ne donneraient d'accès auprès d'eux qu'à ceux qui sont véritablement gens de bien. L'histoire de tous les siècles peut leur apprendre que jamais ils n'ont été trahis que par des impies qui, méprisant une fois Dieu, passaient naturellement au mépris de sa plus vive image, qui est le prince. »

Afin de nourrir le feu de la dévotion, qui, aussi bien que le feu ordinaire, a besoin d'aliments pour s'entretenir, Louis de Sales s'était prescrit, à diverses heures de la journée, divers exercices particuliers, disant sur cela qu'un soldat de Jésus-Christ doit prendre souvent le mot de son adorable chef, afin de n'être point surpris par l'ennemi ; mais, quelque exactitude qu'il eût à pratiquer ces exercices, il s'y portait toujours sans affectation et sans gêne, pour garder, dans les occasions, la liberté que la charité, la bienséance et les affaires demandent souvent.

Ainsi, quand certains devoirs l'empêchaient de faire son oraison pendant le jour, il la remettait à la nuit, regardant la fidélité à l'oraison comme une source de grâces, de lumières et de bénédictions, qu'il ne fallait jamais laisser tarir.

Pour ce qui regarde les exercices ordinaires de la religion, afin de les pratiquer lui-même avec édification, et de les faire pratiquer avec exactitude à tous ceux qui dépendaient de lui, il se mettait, les dimanches et les fêtes, à la tête de ses domestiques et de ses vassaux, qui s'assemblaient, pour cet effet, à la porte du château, et les conduisait ainsi à la messe de paroisse et aux autres offices du service divin. Comme l'église était éloignée, il employait tout le temps du chemin à leur parler de Dieu et à les instruire. Au sortir de l'église, le peuple l'attendait de son propre mouvement, pour recevoir encore ses instructions ; les ecclésiastiques mêmes approchaient aussi pour l'entendre, et tout le monde était également charmé de la manière chrétienne et judicieuse, mais surtout bonne et naïve, avec laquelle il entrait dans le détail des obligations qu'impose le christianisme.

CHAPITRE VI.

Le zèle que le comte avait pour l'instruction de ses domestiques et de ses vassaux le porta à leur procurer une mission des prêtres de saint Vincent de Paul. Il fut le plus assidu à tous les exercices, comme s'il en eût eu le plus de besoin. Comme on lui témoignait de l'étonnement qu'en cette occasion, et dans le cours de l'année, il se trouvât au catéchisme qui se faisait publiquement, il répondit qu'il en devait user de la sorte pour donner l'exemple aux personnes âgées qui ne croyaient pas en avoir besoin, et qui étaient souvent dans une aussi grande ignorance que les enfants. Quelque estime que certaines personnes du monde fissent de lui, elles riaient quelquefois, quand elles lui voyaient prendre des soins si petits aux yeux des hommes. « On ne rirait point, disait-il, si, au lieu de m'occuper à inspirer de la piété à mes gens, je les occupais à la chasse ou à me procurer d'autres plaisirs semblables; mais Dieu en serait-il aussi content ? »

C'est le point qu'il avait uniquement en vue, et qui paraissait dans toute la conduite de sa vie, tournant toutes les choses que l'on faisait ou que l'on disait du côté de la piété. Ainsi, comme il voyait chez lui des dames qui aimaient à chanter, et qui chantaient des airs dont les paroles étaient profanes et un peu trop libres, il choisissait les airs qu'il voyait plaire davantage pour faire des vers de piété, sachant bien que, par complaisance pour lui, on serait engagé à les chanter. Il prenait de semblables occasions pour insinuer des discours de piété, et il le faisait d'une manière si aimable et si ingénieuse qu'on ne s'ennuyait point de l'entendre. Il est vrai qu'il avait soin de mettre toujours beaucoup de variété dans ce qu'il disait, et même de quitter tout-à-fait le discours quand il prévoyait qu'on pourrait en être fatigué, persuadé que rien ne décrie plus la piété que le zèle indiscret; car, pour la faire estimer autant qu'elle le mérite, on doit s'appliquer à la régler par la prudence, afin d'en faire les exercices selon les conjonctures différentes où l'on se rencontre. Tel est le secret de la charité chrétienne, de savoir s'accommoder aux affaires, aux inclinations, et même aux faiblesses de ceux avec qui l'on doit vivre, quand la nécessité ou la charité le demande. C'est là la leçon qu'il disait avoir apprise de son bienheureux frère, lequel, étant devenu évêque, ne put continuer de s'assujettir à beaucoup de petits règlements qu'il observait auparavant, et qui lui auraient été très salutaires, mais dont l'omission lui fut encore plus salutaire par les vues qu'il avait de procurer davantage le service de Dieu.

Une religieuse de la Visitation, entendant le comte parler de cette heureuse liberté qu'il tâchait de garder en tout, lui demanda si, dans son institut, elle ne pourrait pas en user de même. « Non, lui répondit-il judicieusement ; car les règlements de la religion sont les seules affaires d'une religieuse particulière, et si elle s'occupait à d'autres choses, ce serait perdre le temps et s'exposer à perdre l'éternité. Il n'en est pas de même d'un supérieur ou d'une supérieure : si on leur prescrit des règles pour leur donner une plus grande facilité de bien se conduire, les conjonctures différentes où ils se rencontrent doivent suspendre la pratique de ces règles particulières, pour suivre, en général, celles de la prudence chrétienne, dont on ne peut marquer les bornes bien précisément. »

CHAPITRE VII.

La dévotion du comte de Sales se montrait singulièrement dans tout ce qui concernait le culte des autels. C'était pour lui un extrême plaisir de servir la sainte messe, afin d'y participer d'une manière spéciale, et de montrer que, s'il n'était pas digne d'offrir lui-même le sacrifice au Dieu vivant, il se faisait du moins une grande gloire d'y contribuer en ce qu'il pouvait.

Ces sentiments de dévotion, si tendres et si réglés en même temps, le faisaient approcher souvent de la communion, et il s'en éloignait rarement. Les raisons pour lesquelles il s'en privait étaient ou de nombreuses affaires, quand elles l'occupaient si fort qu'il ne pouvait avoir le recueillement qu'il désirait apporter à la sainteté de cette action, ou quelque contestation légère avec le prochain, sans même y avoir donné occasion et sans en avoir été entièrement ému, ou enfin le peu de fruit qu'il croyait avoir tiré de sa précédente communion. Cette privation d'une seule communion était pour lui une peine sensible et un grand sujet de mortification; aussi ne la prenait-il que pour communier dans la suite avec plus de ferveur. Du reste, il avait pour maxime qu'il ne fallait jamais approcher de la sainte table sans y apporter une singulière préparation, puisque l'époux de nos âmes, en nous faisant une nouvelle grâce, mérite une nouvelle reconnaissance. Le jour qu'il avait communié on ne le voyait presque jamais, et il demeurait retiré, à moins que la charité ne l'obligeât de paraître. Comme on lui demandait pourquoi il en usait de la sorte, il répondit que, lorsqu'on était plein de son Dieu, on ne pouvait trop craindre de dissiper ce don précieux par la communication avec les créatures.

Celle qu'il avait avec Dieu dans l'oraison faisait ses délices ordinaires. Il en avait pris le goût dès sa plus tendre jeunesse; elle lui était devenue si familière qu'il ne lui fallait point choisir de temps ni de lieu particulier pour s'y rappeler. Il y passait quelquefois des cinq heures entières. Afin de varier sa manière de prier, après avoir employé quelque temps à la méditation, il récitait son chapelet et d'autres prières vocales, ou chantait quelque chanson spirituelle. Il s'écartait pour cela au fond de la forêt de Torenc, où il passait souvent avec Dieu la plus grande partie du jour. Si quelqu'un le rencontrait par hasard, il interrompait sa prière, sans jamais témoigner ni embarras ni chagrin, bien éloigné du caractère de certains dévots, qui souffrent avec tant d'impatience qu'on les oblige de changer la moindre chose au train de vie qu'ils ont en tête de garder. Une personne de qualité lui faisant un jour je ne sais quelle petite raillerie de l'inclination qu'il montrait à la solitude : « Il me semble, répondit-il gaîment, que je passerais effectivement ma vie dans les bois sans m'ennuyer, puisque enfin je pourrais m'y entretenir avec Dieu d'une manière plus recueillie et moins dissipée; mais, d'un autre côté, je passerais autant de temps, et aussi volontiers, dans la conversation des hommes, si je croyais que Dieu le demandât de moi : car il importe peu où l'on soit, pourvu qu'on agisse pour lui et par le motif de son amour. »

Comme il passait la plus grande partie de la journée à prier, il faisait une partie de ses prières en se promenant seul, excepté néanmoins celles du soir et du matin, et les autres qui se font en public. Une personne de piété lui représentant que la pratique des contemplatifs était de prier à genoux, il répondit que ses directeurs avaient approuvé sa manière, laquelle, d'ordinaire, lui réveillait l'attention ; qu'il l'estimait, d'ailleurs, parce qu'elle était moins éclatante et plus aisée. Un livre de piété, sur lequel il jetait les yeux de temps à autre, et la vue des créatures, qui l'élevaient à l'admiration du Créateur, lui fournissaient, dans ses promenades, de quoi s'entretenir avec Dieu toujours utilement, et sans qu'il y parût rien de singulier, souvent même sans qu'on s'aperçût qu'il priait.

Cette méthode, pour être commune en apparence, n'en était pas moins sainte, ni moins salutaire. Parmi les preuves que l'on en a eues en plusieurs occasions, on a remarqué ce qui arriva au château de Sales en 1617. Le feu, s'y étant mis, s'accrut en un instant par un vent impétueux. Tout le voisinage accourut pour l'éteindre ; mais, tandis qu'on faisait venir de l'eau, et qu'on en jetait avec l'activité et l'émotion ordinaires en ces conjonctures, le comte se retira tranquillement à l'écart, pour obtenir un secours plus puissant que celui des hommes. Cependant, quelqu'un l'ayant suivi, on vit qu'il se jetait à genoux, levant les yeux au ciel ; et, au même moment, malgré l'impétuosité du vent, le feu s'éteignit tout-à-coup. On s'assemblait autour de lu pour l'en féliciter comme d'une merveille accordée à ses prières ; mais il se déroba avec un air de confusion, pour aller prier dans la chapelle. Quelque temps après, on lui reprocha qu'il pensait trop peu à l'ordre de sa maison, et qu'il était le seul qui n'allât point la visiter pour reconnaître le dégât que le feu y avait causé. « C'est, dit-il, que tout le monde prend ce soin, et qu'on m'en laisse un autre plus pressant, qui est d'aller rendre grâces à Dieu du malheur dont il a plu à sa bonté de nous garantir. »

CHAPITRE VIII.

Le don de la prière est toujours accompagné, dans les saints, du jeûne et de la mortification, selon cette parole de l'ange à Tobie : *Bona est oratio cum jejunio.* Le comte de Sales observa toute sa vie les jeûnes commandés par l'Eglise avec tant de régularité qu'il ne prit jamais, le soir de ces jours-là, que du pain et de l'eau. Trois semaines avant sa dernière maladie, étant déjà fort incommodé, il voulut jeûner la veille de la Toussaint ; et, pour combattre ce que les médecins lui représentaient en ces occasions, il tournait les règles mêmes de leur art en faveur des règles de la pénitence, disant qu'une maxime essentielle de la médecine était d'éviter la réplétion, et qu'il s'en tenait là pour se bien porter. Jamais d'ailleurs il ne s'est donné la liberté de rien prendre les jours ordinaires hors des deux repas, et il les faisait toujours avec une retenue et une sobriété qui édifiaient. Mais, loin de gêner personne par son exemple, il excitait tout le monde, surtout quand il était chez lui, à faire bonne chère, dans les bornes, néanmoins, de la modestie chrétienne. Il alléguait souvent, à ce sujet, les paroles de l'Apôtre : « Soit que vous buviez, soit que vous mangiez, faites le tout pour la gloire de Dieu » ; et « que celui qui ne mange point ne juge point celui qui mange. » Pour lui, il ne s'informait jamais de ce qu'on devait lui servir, et ne parlait pas de ce qui n'était pas à son goût : il laissait aveuglément tout ce soin à la comtesse, qui lui en faisait quelquefois des reproches. « Laissez-moi du moins, lui disait-il, imiter cette heureuse pratique des religieux, qui vont à table prendre indifféremment ce que la Providence leur envoie. » Il sanctifiait en tout cette action, comme on fait dans les communautés les plus régulières, et les discours de piété dont il avait soin de faire naître l'occasion d'une manière aisée, ainsi que nous l'avons marqué, n'étaient pas moins utiles ni moins agréables que la lecture qui se fait, dans les communautés, pendant le repas.

En s'accommodant aux règles de la société civile dans ce qui paraissait au-dehors, il n'en était pas moins sévère à lui-même dans ses exercices particuliers et cachés de mortification. Il portait souvent le cilice, et faisait d'autres rigoureuses pénitences. Son épouse avait trouvé moyen de lui soustraire, vers la fin de sa vie, ces instruments de mortification ; mais il ne manquait pas de s'en procurer d'autres par le secours des personnes simples et pieuses qui ne voyaient pas les raisons de la comtesse. Il en obtint ainsi, à l'âge de soixante-douze ans, d'un vertueux prêtre ; et comme celui-ci lui représentait que cela ne convenait plus à sa vieillesse : « En vérité, répondit-il, les mauvaises habitudes ne sont que plus enracinées dans un vieux pécheur, et il a toujours besoin de pénitence. »

Quand on a autant de mortification et d'humilité, on n'est pas éloigné de cette véritable charité à l'égard du prochain, qui n'a d'obstacle en nous que l'amour-propre et l'orgueil. Le cœur de Louis de Sales, comme celui de son B. frère François, n'étant point attaché à lui-même, se trouvait intimement uni au prochain. Il disait souvent qu'il ne concevait pas qu'il pût avoir des ennemis, parce qu'il n'avait jamais pu haïr qui que ce fût. En effet, bien que diverses personnes lui aient fait de très-cruelles injustices, il ne les regarda jamais que comme des instruments dont Dieu se servait pour le sanctifier. Ce n'était pas seulement dans les grandes occasions, où le précepte oblige, qu'il en usait ainsi, mais encore dans les plus petites, dont il profitait pour sa perfection. Comme il voulait terminer par un accommodement un procès qui s'élevait entre le curé de sa paroisse de la Tuille et un paroissien de ses vassaux, celui-ci, lorsqu'on lui en parla, répondit brutalement que chacun devait songer à ses propres affaires, et qu'il ne se souciait point de M. de Sales. Le comte, au lieu de punir cette insolence, dit seulement, en apprenant cette réponse : « Je suis fâché que ce bon homme ne veuille pas que je lui rende service : je le ferais de tout mon cœur ; car, s'il ne se soucie pas de moi, la charité m'oblige à me soucier fort de lui, et à m'intéresser dans tout ce qui touche mon prochain. »

En effet, il n'arrivait à personne de sa connaissance aucun sujet de joie ou de chagrin qu'il n'y prît une part extrême. Si c'était un sujet de joie, il avait coutume d'en féliciter la personne, d'en divulguer la nouvelle pour augmenter le plaisir qu'on en ressentait, et de réciter le *Te Deum* pour en rendre à Dieu des actions de grâce. Si c'était un sujet de chagrin, il y était encore plus sensible ; il tâchait de l'adoucir par des offres de service, et, dans l'occasion, par des services effectifs. Il s'y portait avec plus de vivacité que s'il se fût agi de ses propres intérêts, et, dans cette disposition, il disait souvent à

Dieu : « Seigneur, que je serais ravi que tout le monde fût heureux et que j'y pusse contribuer, mais particulièrement que tout le monde fût heureux pour l'éternité ! »

Pour peu qu'il entendît parler désobligeamment du prochain, il en avait une peine étrange, et, des personnes de qualité s'étant entretenues en sa présence des défauts d'une dame, qui, d'ailleurs, n'étaient pas de conséquence, il eut du scrupule de n'avoir pas arrêté ce discours; en sorte que, le jour même, il vint trouver une personne des plus considérables de la compagnie pour lui témoigner le déplaisir qu'il avait d'avoir gardé le silence en cet endroit de la conversation. « Bien que je ne fusse pas informé de la chose dont il s'agissait, ajouta-t-il, je devais toujours soutenir l'honneur de celle qui était absente, et représenter à la compagnie qu'il n'est pas permis de se divertir aux dépens de la réputation du prochain. »

Sa tendresse pour les gens de la campagne était infinie : jamais il ne manquait de les saluer avec un air de bonté, et ordinairement il leur disait quelque mot obligeant. Quand ils étaient malades, il prenait lui-même soin d'étudier leurs maladies, de leur préparer et de leur envoyer des remèdes; il avait fait, dans leur intérêt, un recueil de recettes pour les maladies communes à la campagne. Quand on paraissait surpris qu'il se donnât cette peine : « J'ai appris de mon père, disait-il, qu'il faut aimer à secourir ces malheureux, qui portent le poids du jour et de la chaleur, mais qui n'en sont pas moins nos frères en Jésus-Christ ; et, pour moi, je les porterais volontiers dans mon sein. »

Cette charité si tendre n'était pas moins circonspecte, et il la faisait consister particulièrement à ne jamais incommoder ou gêner les personnes avec qui il vivait, fût-ce ses propres enfants. Il avait toujours à cœur, comme saint François de Sales, de rendre en sa personne la vertu aussi aimable qu'elle l'est en elle-même ; c'est pourquoi il cherchait toutes les occasions de faire considérer la piété par les endroits les plus touchants et les plus doux.

Il représentait aux personnes engagées dans le monde combien elles étaient coupables de rechercher des plaisirs criminels, tandis qu'elles pouvaient en avoir de légitimes, et d'autant plus agréables qu'ils n'étaient sujets ni aux remords de la conscience, ni à la tyrannie des passions. A l'égard du peuple et des gens d'une condition médiocre, il se servait des choses qui frappaient davantage leurs sens, pour leur faire sentir que Dieu seul est le maître d'augmenter ou de diminuer leurs peines, et de faire leur bonheur ou leur malheur, soit dans le temps, soit dans l'éternité.

CHAPITRE IX.

La charité avec laquelle le comte se rendait utile à ceux du dehors ne diminuait en rien le soin qu'il prenait de sa propre maison. La maxime qui lui servait le plus à entretenir chez lui le bon ordre était qu'il vaut beaucoup mieux savoir éviter les mauvaises affaires que de savoir s'en tirer. Suivant cette maxime, il s'appliqua toujours à une grande économie. En effet, la cause la plus ordinaire des plus grandes peines pour un père de famille est de manquer d'ordre dans l'administration de son bien, au lieu qu'une juste dispensation sert autant, dans une maison de qualité, à faire une dépense honorable qu'à augmenter les revenus et à prévenir le désordre et le renversement. Ainsi, bien qu'il fût persuadé, comme il le disait souvent, qu'il y aurait toujours assez de bien dans sa famille, pourvu qu'on y craignît Dieu, il ne laissa pas de travailler à augmenter le sien, et il y réussit. Du reste, il avait horreur de certains moyens de s'enrichir, qu'il aurait eus en main, pour peu qu'il eût voulu passer par-dessus les intérêts de la conscience et de l'honneur.

On a su en particulier qu'un homme fort riche, qui n'avait point de fils, et qui avait marié selon leur condition ses filles, pour qui il avait peu d'inclination, lui offrit de le faire son héritier. Le comte refusa l'offre ; et comme les gens du monde désapprouvaient son scrupule : « Pour moi, dit-il, je ne le crois pas mal fondé : pourquoi serais-je l'occasion que des enfants soient privés du bien de leur père ? D'ailleurs que sais-je comment ce bien est acquis ? Je ne voudrais pas exposer ma Tuille, disait-il en souriant, et en parlant de celle de ses terres qui portait ce nom, à être cimentée d'iniquité. » Du reste, il ne laissait pas de demander à Dieu, pour lui et pour les siens, du bien raisonnablement, pour avoir cette médiocrité si précieuse dans tous les états, soit par rapport au salut éternel, soit pour la tranquillité de la vie présente. « L'excès des biens du monde est dangereux, disait-il ; mais l'excès de la pauvreté n'expose pas moins à des tentations violentes, que je ne serais peut-être pas capable de soutenir. » Libre, d'ailleurs, de tout attachement aux avantages de la vie, il se regardait, à l'exemple de David, comme un étranger, même parmi ses amis et ses propres enfants. Indifférent à l'égard de la fortune temporelle de ceux-ci, quoique les pères avancés en âge soient, d'ordinaire, très-préoccupés de l'avenir de ceux qu'ils doivent quitter bientôt, il ne se laissa jamais aller à la curiosité si commune d'aller voir les nouvelles acquisitions qui se faisaient dans sa famille, ce qu'on lui en disait ne le portant, d'ordinaire, qu'à élever son cœur vers le ciel, pour dire au Seigneur avec David : « Qu'est-ce que je veux dans le ciel, sinon vous ? et sinon vous, qu'est-ce que je veux sur la terre, ô mon Dieu ! vous qui êtes mon partage pour l'éternité ? »

Un jour qu'il paraissait fort occupé de ces sentiments, un de ses amis le pria de lui dire quelle réflexion il faisait actuellement. « Je m'imagine, répondit-il avec naïveté, que je suis à Sales comme les morts qui reviennent dans les maisons dont ils étaient autrefois possesseurs, et je me regarde comme si Dieu m'avait seulement envoyé de l'autre vie pour voir comment mes enfants se comportent en celle-ci. » C'est avec le secours de ces réflexions qu'il pratiquait à la lettre la maxime de son B. frère François, qui veut qu'un chrétien soit sur la terre comme dans le tombeau, et que son esprit et son cœur soient dans le ciel comme sur la vraie terre des vivants.

Ce dépouillement entier et réel où le comte s'était mis était blâmé de quelques-uns, et on leur entendait dire qu'il méritait, en quelque manière, que ses enfants n'eussent pas pour lui tous les égards ni les sentiments de reconnaissance qu'ils devaient, afin de le punir d'avoir renoncé au soin de conduire sa famille ; mais sans s'inquiéter de ces discours : « Mes enfants craignent Dieu, répondit-il, et je serai toujours mieux que je ne mérite. Quand le contraire arriverait, j'aimerais mieux être à la mendicité que de m'embarrasser encore dans les affaires du siècle. Celles de mon salut doivent me toucher autrement : à quoi bon prendrais-je tant de soin pour ménager quelques pieds de terre, qui ne peuvent plus guère me servir que de tombeau ? » Ce détachement extraordinaire n'ôtait pourtant en lui que ce que les sentiments de la nature tirent de la cupidité, et non pas ce qu'ils peuvent avoir de conforme à la charité et à la raison ; de sorte qu'il n'en était que plus aisé dans le commerce ordinaire de la vie, surtout dans son domestique.

Il avait eu toujours pour ses épouses une déférence infinie, s'étudiant surtout à prévenir les petites saillies d'humeur dont les gens les plus raisonnables ne sont pas toujours exempts. Quand la seconde, qui était assez vive, avait parlé un peu trop fortement à quelques domestiques, il allait lui-même, avec des manières plus douces, les porter à leur devoir. Afin de les y exciter davantage, et que la comtesse fût plus contente d'eux, il leur a fait souvent des gratifications dont elle ne savait rien. Durant quatre mois qu'elle fut malade en 1652, il ne la quitta presque point ni jour ni nuit, et sur ce qu'on lui représentait qu'âgé de 75 ans, comme il était, il n'aurait pas dû s'exposer à cette fatigue : « Je sais, disait-il, que je contribue, par ce moyen, à adoucir les maux de madame la comtesse : l'amitié doit être fidèle jusqu'à la mort. » Il avait porté sa complaisance pour elle à un point qui paraîtra peut-être extraordinaire à ceux qui ne connaissent pas assez à fond le caractère des véritables dévots : c'est que, pour satisfaire à ce qu'elle désirait, il a interrompu très-souvent et même quitté quelquefois ses exercices de piété, persuadé qu'une sainte intelligence entre un mari et une femme était un des meilleurs fruits qu'on pût tirer de l'oraison.

Quant à la paix qu'il faisait régner dans sa maison, jamais il ne souffrit qu'elle fût altérée en rien. Un jour l'évêque de Genève, son fils, lui représentant un mauvais ménage qui se faisait par la faute des domestiques, lui dit qu'il aurait pu empêcher ces fautes s'il eût voulu de temps en temps agir et parler avec un peu plus de fermeté : « Je le crois, mon fils, répondit-il ; mais la paix et la douceur avec lesquelles nous vivons s'y trouveraient un peu intéressées, et ce bien est préférable aux avantages que nous pourrions rencontrer d'un autre côté. » Ayant un jour entendu quelque bruit à l'office parmi ses domestiques, et voyant qu'un de ses fils, qui n'avait pu l'apaiser, se retirait, il lui dit avec plus de vivacité qu'il n'avait accoutumé de parler : « Ordonnez de ma part qu'on se taise, quelque raison que chacun pense avoir de son côté; car je veux que l'amour de la paix et la crainte de Dieu l'emportent, dans ma maison, par-dessus quelque autre considération que ce soit. » Ces paroles eurent subitement leur effet, et l'on ne dit plus un seul mot. La réprimande faite de sa part donna tant de confusion à ceux qui l'avaient attirée qu'ils n'osaient paraître pour servir; mais il les appela chacun en particulier, leur fit une forte et salutaire leçon, leur déclarant que, s'il arrivait jamais rien de semblable, il ne manquerait pas de congédier sur-le-champ ceux qui seraient cause de la dissension. L'on remarque que c'est la seule occasion où il ait jamais montré quelque émotion à l'égard de ses domestiques; mais elle fut si efficace et si heureuse qu'elle en bannit toutes celles qui auraient pu naître.

Nous avons vu, dans la suite de son histoire, les talents et le zèle qu'il avait pour accommoder les différends et les procès, et comment la plus grande partie de sa vie fut employée à cet exercice; mais nous pouvons connaître son amour infini pour la paix par un endroit encore plus singulier, et jusque dans le trouble des procès, qu'il avait quelquefois lui-même à soutenir.

Sa première démarche était d'aller au pied des autels demander à Dieu la grâce d'une exacte équité, pour ne faire jamais nulle procédure qui blessât en rien sa partie ; il demandait à Dieu avec la même instance une patience à l'épreuve des injures qu'on pourrait lui faire, et des fatigues qu'il aurait à essuyer. Il s'appliquait ensuite à chercher toutes les occasions de montrer à ceux avec qui il plaidait des manières obligeantes et ouvertes ; de sorte que plusieurs fois, gagnés par ce procédé, ils ont remis à son propre jugement toute la décision de l'affaire. Comme on l'avertissait un jour de se défier d'une de ses parties, qui ne répondait à toutes ses civilités que pour tirer de lui son secret : « Tout le mien, repartit-il, consiste à agir franchement et avec droiture, et il en vaut bien un autre. » Aussi ne priait-il et ne faisait-il jamais prier Dieu afin de gagner son procès, mais seulement afin que Dieu éclairât les juges. Apprenant que, dans une affaire particulière, on avait obtenu contre lui des lettres de recommandation de la cour, et entendant dire à ses amis qu'il fallait en obtenir de toutes contraires, il répondit : « A quoi servent ces voies obliques, sinon à abuser de la bonté du prince ? J'ai des juges habiles et équitables, et je suis persuadé que ma cause est bonne, sans quoi je ne plaiderais assurément pas ; mais il peut se faire que je me trompe

Que si je perds, ce sera toujours par un ordre de Dieu, qui me fera justice, ou sur le procès dont il s'agit, et que je n'avais pas bien entrepris, on sur quelqu'un de mes défauts dont il voudrait me punir. » En effet, il perdit ce procès-là même, ce qui indigna la plupart de ceux qui en étaient instruits; lui seul n'en montra pas la moindre altération.

Comme on s'étonnait de la tranquillité, et même de la joie qu'il témoignait en une occasion pareille : « La charité, reprit-il, ne doit-elle pas nous faire prendre part à l'avantage du prochain autant que l'amour-propre nous intéresse à la perte que nous faisons nous-mêmes ? J'ai perdu, mais c'est un chrétien, c'est mon frère qui a gagné ; quand nous serons un jour ensemble dans la céleste demeure, nos intérêts ne seront-ils pas les mêmes ? Il est bon de commencer dès maintenant, autant qu'il nous est possible, ce bienheureux état d'amour et de paix. »

CHAPITRE X.

Un caractère de douceur tel que celui du comte, si incompréhensible à la plupart des hommes, ne peut venir que d'une autre vertu tout-à-fait supérieure aux sentiments purement humains, et qui est toute particulière au christianisme : c'est l'humilité. Le comte de Sales avait inébranlablement établi dans dans son âme ce fondement essentiel de la perfection évangélique. Le mépris qu'il avait de lui-même était sincère et sans affectation. Dans une harangue faite au sujet de l'évêque de Genève, son fils, on avait insisté sur l'éloge de la famille du prélat et de son illustre père ; quand on vint à présenter cette pièce au comte, il dit sérieusement et d'une manière à se faire croire que ce présent ne lui faisait point de plaisir, et qu'il était déjà assez plein de lui-même, sans qu'on lui fournît de quoi nourrir sa vanité : « car enfin, ajouta t-il, des chrétiens ne doivent-ils pas s'aider mutuellement à assurer leur salut, au lieu de hasarder celui de leur prochain par des louanges souvent fausses et par des flatteries toujours dangereuses ? »

Du mépris de soi-même on passe aisément à l'estime des autres hommes : il n'y avait personne d'un caractère ou d'un état si vil pour qui le comte de Sales n'eût de la considération et des égards.

Comme on lui disait un jour qu'on s'étonnait des déférences qu'il montrait pour ces sortes de gens, à qui il parlait même quelquefois avec des termes de respect : « Quoi ! dit-il, ne sont-ils pas nos frères, créés aussi bien que nous pour l'héritage céleste, où ils auront peut-être une bien plus grande part que nous ? On verra alors combien ils méritaient d'être honorés. Que c'est être peu raisonnable, ajouta-t-il, de mépriser ceux que Dieu estime ! » Cette disposition l'empêchait de se plaindre jamais, quoiqu'on en usât à son égard avec moins de déférence qu'on n'aurait dû. Quelques-uns de ses vassaux ayant manqué sur ce point, son humilité l'emporta alors sur ce que la bienséance semblait exiger. Un d'eux, qui avait quelque discussion en sa présence, l'ayant interrompu avec insolence en lui disant : « Monsieur, ce n'est pas cela; laissez-moi dire la chose comme elle est, » le comte ne le releva qu'en lui disant : « Mais, mon ami, si je ne voulais pas me taire, que feriez-vous? « Cependant ceux qui étaient présents répétant plusieurs fois au comte que cela n'était point à souffrir : « Dieu ne nous souffre-t-il pas, répondit-il, bien que nous lui parlions souvent avec moins de soumission et de respect? »

Une autre fois on lui rapporta que quelqu'un avait dit de lui, avec un air de mépris, qu'il n'était propropre qu'à prier Dieu, parce que, en voulant arranger un procès, il n'avait pas pris la chose comme l'entendait celui qui se plaignait. Le lendemain, il ne laissa pas de poursuivre et de finir l'accommodement, comme s'il ne lui était rien survenu de ce qu'on avait dit; et sur ce qu'un de ceux qui jugeaient avec lui le pressa de se faire faire satisfaction, du moins après l'affaire terminée : « Que le reproche que m'a fait cet homme, dit le comte, n'est-il mieux fondé, et que ne suis-je effectivement bon à prier et à servir Dieu! mon regret n'est pas qu'on le dise, mais que la chose ne soit pas ainsi. »

Un paysan ayant encore perdu le respect, jusqu'à s'emporter en sa présence, il arrêta ses gens, qui voulaient punir cet homme grossier, et leur dit qu'il fallait pardonner à ce misérable pour l'amour de Jésus-Christ, puisqu'il nous a enseigné, par son exemple, à souffrir les outrages de nos inférieurs, et que d'ailleurs il n'est point d'humiliation dont l'exercice nous rende plus agréables aux yeux de Dieu.

Ces dispositions faisaient qu'il avait coutume de louer non les choses estimables du monde, mais les plus humiliantes aux yeux des hommes : « Ce sont celles qu'aime Jésus-Christ, disait-il, et celles que nous devons aimer. » La mémoire lui ayant manqué dans une affaire où il avait rapporté un fait autrement qu'il n'était effectivement, il en fallut venir à la preuve, qui découvrit sa méprise ; il en tira un sujet admirable d'humiliation, répétant souvent à cette occasion : « Voilà de quoi je suis capable, de tomber dans l'erreur et de présumer de moi. » On voyait aisément que ce qu'il disait ainsi partait d'un sincère mépris de soi-même ; aussi une de ses maximes était que l'humilité devait être observée sans nul retour sur soi, et que, à la bien prendre, elle n'avait rien d'austère ni de farouche, puisqu'elle consiste particulièrement à nous faire une exacte justice sur le peu que nous méritons. Ces dispositions le rendaient humain, non-seulement jusqu'à traiter familièrement avec les gens de la campagne, mais encore jusqu'à prendre leur conseil, persuadé que leur bon sens n'en valait pas moins, pour être revêtu d'expressions grossières, et que leurs pensées naïves étaient souvent préférables aux réflexions trop recherchées des savants. Il disait à ce sujet que Dieu a choisi les choses faibles pour abaisser ce qu'il y a de plus fort dans notre pouvoir ou dans notre orgueil, et que nous devons les estimer, puisque ce sont les instruments dont Dieu aime davantage à se servir ; d'où il faut conclure que nous ne pourrons jamais rien faire de considérable pour son service si nous ne sommes bien pénétrés à ses yeux de notre faiblesse et de notre néant.

La passion de l'orgueil étant si parfaitement détruite en sa personne, celle de la colère n'y pouvait pas dominer : car, selon sa maxime, nos émotions ne viennent que de ce que nous croyons qu'on nous fait injure; et c'est ce qu'un homme véritablement humble ne se persuade jamais. Du reste, il n'en avait pas moins coûté au comte de Sales pour acquérir la modération et devenir maître de lui-même qu'à son bienheureux frère saint François de Sales ; ils étaient tous deux de même tempérament ; et ce qu'on dit de ce saint, que la violence qu'il s'était faite pour réprimer son humeur naturellement vive lui avait endurci et comme pétrifié le fiel, arriva aussi au comte de Sales, et d'une manière plus extraordinaire. On prétend qu'après sa mort, à peine lui trouva-t-on du fiel, et qu'il était entièrement consumé. En effet, on a remarqué plusieurs fois pendant sa vie qu'il faisait de si grands efforts pour étouffer les mouvements de colère que tout son corps se couvrait de sueur; il ne pouvait lui-même le dissimuler, et souvent il lui est échappé ces paroles : « Que la chair frémisse d'horreur et de dépit ; que la colère me fasse éprouver ses plus vives atteintes : je n'en dirai pourtant pas un mot de plus. » Dès qu'il apercevait quelque occasion capable de l'émouvoir, il se disait à lui-même : « Mon âme, voici le temps du combat ; soyons sur nos gardes, et souvenons-nous que la colère de l'homme n'opère point la justice de Dieu. » Quand le mouvement était plus violent, il s'écriait en lui-même : « *Exurgat Deus*, c'est la cause de Dieu, ceci passe mes forces, c'est à lui de s'élever et de se vaincre. »

Par ce moyen, il était parvenu à une modération et à une retenue dont on a eu des exemples dans ce que nous avons déjà rapporté de sa charité et de sa douceur ; en voici encore quelques traits, qui mettront la chose dans un plus grand jour.

Un homme violent et sujet à des vices scandaleux, dont le comte avait tâché de le corriger, lui en voulait un mal mortel, et, dans un accès d'une forte fureur, il vint se jeter sur lui les armes à la main pour le tuer, lorsqu'il se promenait seul dans un bois, occupé, selon son ordinaire, de la méditation des choses saintes. Le comte, sans émotion, lui dit : « Serait-il possible que vous vouliez m'ôter la vie parce que j'ai voulu rendre la vôtre meilleure ? » Cet homme sur-le-champ lui demanda pardon, et le comte ne pensa pas davantage à ce qui venait d'arriver. Une autre personne de basse condition, abusant de l'indulgence qu'il avait pour ceux qui lui parlaient trop librement, lui dit qu'il avait l'air d'être colère, et qu'on s'en apercevait. Le comte se prit à sourire, loin de se fâcher. Celui qui parlait, voyant qu'il avait fait une imprudence, et voulant la réparer par un compliment à contre-temps, se reprit, ajoutant : « Je voulais dire, Monsieur, que vous êtes trop patient et trop doux. » Le comte de Sales repartit d'un air tranquille et ouvert : « Eh bien ! toutes les extrémités sont vicieuses; il faut demander à Dieu la grâce de cette médiocrité dans laquelle consiste la vertu. » En une autre occasion où un homme qui avait bu lui tint des discours injurieux et piquants, ceux qui étaient témoins de cette brutalité voulurent la punir à l'instant; mais il les arrêta, comme ayant de la complaisance à s'entendre dire des choses désagréables; puis il ajouta : « Profitons de l'état où est cet homme : ceux qui n'ont pas perdu l'usage de la raison ne nous diraient pas ainsi nos vérités et nos défauts ; Dieu permet que celui-ci le fasse pour nous humilier et nous faire du bien. »

CHAPITRE XI.

Ce n'était pas assez pour le comte de Sales de s'être rendu maître de lui-même si parfaitement par la mortification de ses passions; il prit encore un soin particulier de s'attacher inviolablement à Dieu par l'assujettissement de l'obéissance chrétienne ; il se faisait un devoir de la pratiquer, comme la vertu qui mettait toutes les autres dans une entière sûreté. Pour expliquer ses sentiments là-dessus, il disait souvent que la verge de Moïse devait être autant respectée que sa personne, et que c'était par elle que Dieu avait opéré ses merveilles, afin de nous marquer combien nous devons être soumis à l'ordre et à la direction de nos supérieurs. Toute sa vie a été une pratique continuelle de cette maxime. Il commença par une déférence entière aux avis de son bienheureux frère, qui fut son premier directeur; il n'en eut pas une moindre, dans la suite, à l'égard de ses autres directeurs et de ses confesseurs ; dans cet esprit, il renonça souvent à ses propres lumières sur des choses même indifférentes, ou qui ne regardaient qu'indirectement la conscience, afin de suivre celles de son frère Jean-François de Sales, son cadet, évêque de Genève, qui n'avait pourtant pas autant que lui d'expérience et d'habileté pour les affaires. Dans une conjoncture où il s'agissait des intérêts de l'ordre de la Visitation, et où la mère de Chaugi croyait que les intentions de ce prélat étaient contraires aux mesures du comte, qui paraissaient les mieux prises, elle demanda à celui-ci s'il ne trouverait pas mauvais qu'elle en dît un mot au prélat. « Ne disons rien, répondit-il ; car si j'agissais contre son gré, je ruinerais mon obéissance. »

Il faisait le sacrifice de sa volonté, particulièrement à l'égard des princes ; il était déterminé à leur obéir au péril même de sa vie. Il respectait non-seulement les ordres qu'il recevait d'eux, mais tout leur gouvernement en général. Il ne pouvait souffrir qu'on dît rien qui parût les rendre moins respectables, par la censure qu'on se donne quelquefois la hardiesse d'en faire. « Avez-vous été appelé à leur conseil, disait-il sur cela, et savez-vous les secrets de leur cabinet? Sur quoi donc les jugez-vous? Ils peuvent voir tout ce que vous voyez, et vous ne sauriez deviner une infinité de choses particulières qu'eux seuls connaissent bien, et qui les font agir. Jamais il ne permit qu'en sa présence on osât rien lire de ces pièces courantes, moins ingénieuses que téméraires, où les personnes les plus respectables sont traitées indignement. Il disait à ce sujet que David n'osa toucher à la robe du roi Saül, son injuste persécuteur, bien qu'il fût réprouvé de Dieu même : « Combien serions-nous plus condamnables, ajouta-t-il, de déchirer, par notre langue médisante, la réputation des puissances ecclésiastiques ou séculières que Dieu a mises sur nos têtes? » Enfin l'amour de l'obéissance chrétienne était si avant dans le cœur du comte de Sales qu'il l'exerçait même à l'égard de ceux que Dieu et la nature lui avaient soumis : car, depuis qu'il se fut dépouillé de ses biens, il se fit un devoir de dépendre en tout de la volonté de ses propres enfants, prenant d'eux toutes les heures de son lever, de son coucher, de ses repas, et des autres exercices qui partageaient la journée, et s'assujettissant en tout à l'ordre qu'ils avaient établi dans leur maison. Il se proposait particulièrement en ce point l'exemple de Jésus-Christ, qui a voulu obéir à Marie et à Joseph.

Par ce même esprit, il avait fait un petit extrait des constitutions des ordres religieux auxquels il s'était fait associer, afin d'avoir toujours devant les yeux les pratiques d'obéissance qui y sont observées, et auxquelles il s'efforçait de se conformer lui-même autant que le permettaient ses affaires et sa condition.

Quand l'esprit est de la sorte assujetti à Dieu, le corps ne peut manquer de l'être à l'esprit, la chasteté n'ayant point de plus sûre garde que la crainte du Seigneur, l'obéissance et l'humilité chrétiennes. On peut dire que la pureté était à l'égard du comte un don spécial, et un trésor d'autant plus précieux qu'il se conserva au milieu des plus dangereuses occasions où le démon a coutume de le ravir. Dès sa plus tendre jeunesse, il eut une retenue si grande et une modestie si exemplaire qu'on ne lui a jamais vu échapper une seule parole indécente. Sa seule présence inspirait cette disposition aux autres. Les plus libertins n'ont jamais osé, en sa présence, dire de ces mots, ou tenir de ces discours ambigus, qui sont, en certaines compagnies, et surtout parmi les jeunes gens, une source imperceptible des plus grands désordres. S'il entendait quelque chose qui en pût seulement rappeler l'idée, la peine qu'il en avait le faisait rougir. Attaqué en diverses occasions par la passion qu'avaient conçue pour lui des personnes de sexe, non-seulement il a toujours résisté avec le secours de la grâce, qu'il implorait vivement et constamment sur ce point, mais encore il s'est heureusement servi de ces conjonctures si périlleuses pour faire rentrer dans le devoir celles qui s'en écartaient.

Il a plusieurs fois exposé sa vie pour sauver l'honneur à des filles insultées par des soldats ; et il a témoigné que, dans ces rencontres, il aurait donné avec joie tout son sang pour faire à Dieu un sacrifice digne d'un chrétien. Il avait souvent à la bouche ce passage de l'Ecriture : « Que la maison de l'adultère ne prospèrera jamais, et que la race des impies périra ; » comme, au contraire, Dieu ne manque point de bénir visiblement la postérité des mariages saints. Il en citait pour exemple saint Louis, roi de France, et le bienheureux Amédée de Savoie, qu'il avait pris pour ses protecteurs, aussi bien que pour ses modèles.

Afin d'éloigner toutes les occasions et les principes du vice contraire à la pureté, il n'a jamais souffert ni livre ni tableau qui pussent donner les moindres impressions indécentes. S'il lui revenait qu'un de ses domestiques eût chanté seulement une chanson trop libre, il lui en faisait une réprimande sévère, et, s'il retombait dans la même faute, il lui donnait irrémissiblement son congé.

Avec ces précautions, il n'y a pas lieu de s'étonner de la fermeté avec laquelle il évita toujours les amorces de la volupté : il ne paraît si difficile aux mondains de s'en défendre que parce qu'ils veulen garder des ménagements avec un vice qui n'en souffre point, et qu'il n'y a point de milieu entre le malheur d'en être entièrement infecté et l'avantage de se déclarer ouvertement contre tout ce qui pourrait y conduire. Il est souvent arrivé à Louis de Sales, dans sa jeunesse, non-seulement d'être sollicité au mal, mais d'essuyer certaines railleries de gens déréglés, plus puissantes souvent pour corrompre un jeune homme que les sollicitations mêmes : il n'a jamais trouvé de secours plus efficace contre cette sorte de tentation que de se déclarer hautement pour la vertu, contre l'insolence des libertins qui osaient lui faire d'indignes avances. Une personne ayant eu la hardiesse de venir jusqu'à deux fois le presser de voir une dame qui avait pour lui une estime extraordinaire, mais que le jeune comte tenait avec raison pour suspecte, il lui dit avec fermeté: « De pareils messages, que je vous ai déjà marqué me déplaire, vous attireront ce que vous n'attendez pas, et que vous méritez : je fais profession de servir Dieu et de le craindre ; c'en est assez pour me déterminer à tirer raison de ceux qui le déshonorent, et qui m'insultent en même temps. » Une autre dame lui faisant elle-même une de ces plaisanteries que la corruption du siècle autorise quelquefois dans le monde, et que la pudeur chrétienne ne souffre jamais, lui reprochait qu'il était indifférent avec les dames : il lui fit une réponse pleine d'une sainte indignation et d'une vérité terrible ; puis il sortit aussitôt, la laissant ainsi payée de sa raillerie, et salutairement interdite.

Un cœur si pur en lui-même était aussi plein de la charité de Jésus-Christ qu'inaccessible à l'amour impur ; comme la charité ne se montre jamais mieux qu'à l'égard de ceux en qui on ne peut aimer que Jésus-Christ, le comte de Sales aimait singulièrement les pauvres, et se plaisait à leur faire du bien. Il voulut, en quelque sorte, que sa maison fût la leur, ou que du moins ils n'y fussent jamais rebutés, sous quelque prétexte que ce fût. Il les faisait souvent entrer jusque dans son appartement avec eux, pour leur donner des instructions chrétiennes. Comme sa famille trouvait quelquefois cette coutume incommode : « Hélas ! disait-il, pourquoi trouver étrange que nous ménagions ceux qui doivent être si puissants au jour du jugement, ou pour nous, ou contre nous ? et puisque nous aurons alors un si grand besoin de leur secours, pouvons-nous trop nous l'assurer dès maintenant ? »

Il avait pour soulager leurs misères une infinité de petites adresses, qu'il employait dans l'occasion ; et il avait extrêmement à cœur d'inspirer à ceux qui le touchaient de plus près le même soin et la même tendresse qu'il avait pour les membres vivants de Jésus-Christ. Sur la fin de sa vie, il s'amusait saintement à faire distribuer des aumônes par sa petite-fille, fille du baron de Torenc, qui n'avait alors que cinq ans. L'enfant avait si bien conçu ce que son grand-père lui avait enseigné là-dessus qu'elle recherchait les pauvres avec un empressement sensible ; et quand on voulait l'arrêter : « Laissez-moi, disait-elle, assister nos meilleurs amis, qui nous rendront les amis de Dieu. » Il a recommandé plusieurs fois avant sa mort l'amour des pauvres à son fils avec un épanchement de cœur tel qu'on le montre en recommandant à un fils ce qu'on chérit le plus tendrement. Tant qu'il fut en état d'agir pour eux, il ne s'épargna jamais en rien. Il s'attachait avec plaisir à les aider dans leurs affaires, voyant lui-même leurs papiers, faisant valoir leur bon droit, terminant leurs procès quand ils pouvaient s'accommoder, enfin procurant le repos et le bonheur de leur vie en toutes les manières qui pouvaient se présenter à lui.

C'est dans une vie si chrétienne que le comte de Sales, suivant les traces de saint François de Sales, son frère, bien que dans une profession différente, trouva le moyen de se rendre également cher et à Dieu et aux hommes par la pratique la plus contante des devoirs de la religion, et par le caractère le plus aimable de vertu qui fut jamais, procurant à la piété autant d'honneur et de vénération devant les hommes qu'elle lui avait attiré de grâces et de mérites devant Dieu.

Modèle de piété chrétienne d'autant plus excellent qu'on n'y voit rien, quelque parfait et quelque sublime qu'il soit, que toutes les personnes engagées dans le monde, comme lui, ne doivent envier, pour peu qu'elles soient susceptibles des sentiments de piété, et qu'elles ne puissent pratiquer si elles se déterminent une fois à travailler efficacement à leur salut.

FIN.

ON TROUVE

A LA MÊME LIBRAIRIE :

Abrégé de la Vie des Philosophes de l'Antiquité.
Adélaïde de Wistbury.
Arthur et Marie.
Discours sur l'Histoire Universelle, 2 vol.
École (l') des Jeunes Demoiselles.
Émile, ou le jeune Esclave Algérien.
Ferdinand, ou le Pêcheur Breton.
Gloires (les) de l'Église Naissante.
Histoire de saint Paul.
Histoire de Stanislas Ier.
Histoire de Théodose-le-Grand.
Histoires Édifiantes et Curieuses.
Madeleine, ou la jeune Montagnarde
Modèle (le) des Jeunes Gens.
Précepteur (le) de l'Enfance Chrétienne
Vie de saint Louis de Gonzague
Vie de saint Stanislas de Kostka.
Vie de saint Vincent de Paul.
Vie du comte Louis de Sales.

www.ingramcontent.com/pod-product-compliance
Lightning Source LLC
Chambersburg PA
CBHW051921160426
43198CB00012B/1990